WAAGE

Kleine Astro-Botschaften für jeden Tag des Jahres

WAAGE

Kleine Astro-Botschaften für jeden Tag des Jahres

Emil-Hoffmann-Str. 1
D-50996 Köln

Gesamtherstellung: Naumann & Göbel Verlagsgesellschaft mbH, Köln

ISBN 978-3-625-11760-5

www.naumann-goebel.de

VORWORT

Charmant und diplomatisch begegnet der Waage-Geborene den Herausforderungen des hektischen Alltags, um alle Lebensbereiche im Gleichgewicht zu halten. Für dieses nicht immer ganz leichte Unterfangen finden Sie in diesem Büchlein Ihre ganz persönliche Ruheinsel, die Sie mal mit heiteren, mal mit nachdenklich stimmenden Zitaten erdet und zu den elementaren Dingen des Lebens zurückführt. Nehmen Sie sich jeden Morgen etwas Zeit, über das Zitat nachzudenken. So werden Sie im Einklang mit sich selbst und energiegeladen in den neuen Tag gehen und auch Ihr Umfeld positiv beeinflussen.

»Lese jeden Tag etwas, was sonst niemand liest.
Denke jeden Tag etwas, was sonst niemand denkt.
Tue jeden Tag etwas, was sonst
niemand albern genug wäre, zu tun.
Es ist schlecht für den Geist,
andauernd Teil der Einmütigkeit zu sein.«

Gotthold Ephraim Lessing

Januar

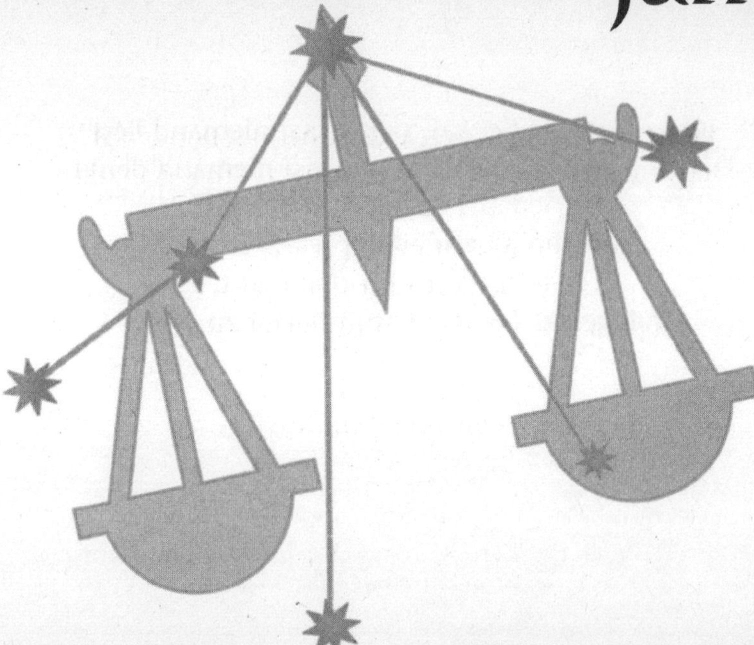

1. Januar

Du kannst Dein Leben nicht verlängern
und Du kannst es auch nicht verbreitern.
Aber Du kannst es vertiefen!

Gorch Fock

Ereignis des Tages: Der Euro, Europas erste gemeinsame Währung, geht an den Start (2002).

Geburtstag: Lorenzo Medici, ital. Bankier und Dichter (1449–1492)

2. Januar

Dass mir mein Hund das Liebste sei,
sagst du oh Mensch, sei Sünde,
mein Hund ist mir im Sturme treu,
der Mensch nicht mal im Winde.

Franz von Assisi

Ereignis des Tages: Geburtsstunde der Comichelden Asterix und Obelix (1959).

Geburtstag: Mily Balakirew, russ. Komponist (1837–1910)

3. Januar

Jeder glaubt nur das,
worauf ihn der Zufall gebracht hat.

Empedokles

Ereignis des Tages: Der Reformator Martin Luther wird aus der Gemeinschaft der katholischen Kirche ausgeschlossen (1521).

Geburtstag: Michael Schumacher, dt. Rennfahrer (1969)

4. Januar

Wir müssen auf die Stimme unserer Seele hören,
wenn wir gesunden wollen.

Hildegard von Bingen

Ereignis des Tages: Der amerikanische Landroboter »Spirit« setzt auf dem Mars auf. Am Tage darauf sendet er Farbaufnahmen in bester Qualität zu Erde (2004).

Geburtstag: Louis Braille, frz. Blindenlehrer (1809–1852)

5. Januar

Die Stunden, nicht die Tage,
sind die Stützpunkte unserer Erinnerung.

Joachim Ringelnatz

Ereignis des Tages: In Paris wird das Theaterstück »Warten auf Godot« von Samuel Beckett uraufgeführt (1953).

Geburtstag: Juan Carlos I., span. König (1938)

6. Januar

Ohne Begeisterung, welche die Seele mit einer gesunden Wärme erfüllt, wird nie etwas Großes zustande gebracht.

Adolph Freiherr Knigge

Ereignis des Tages: Eröffnung des Bolschoi-Theaters in Moskau, das später zu einer Ruhmesstätte russischen Balletts wird (1825).

Geburtstag: Henry Maske, dt. Boxer (1964)

7. Januar

Niemand ist zufrieden mit seinem Stande,
jeder mit seinem Verstande.

Barthold Heinrich Brockes

Ereignis des Tages: Die Welt der Comicfiguren wird um Buck Rogers und Tarzan bereichert (1929).

Geburtstag: Nicolas Cage, amerik. Schauspieler (1964)

8. Januar

Weltverbesserer gibt es genug,
aber einen Nagel richtig einschlagen können die wenigsten.

Henrik Ibsen

Ereignis des Tages: Das Fürstentum Monaco feiert 700-jähriges Bestehen (1997).

Geburtstag: David Bowie, engl. Sänger (1947)

9. Januar

Die meisten Meinungen kommen zustande,
indem man vergisst, wo man sie gehört oder gelesen hat.

Moritz Heimann

Ereignis des Tages: Die US Regierung erklärt den festgenommenen irakischen Ex-Diktator Saddam Hussein offiziell zum Kriegsgefangenen (2004).

Geburtstag: Kurt Tucholsky, dt. Schriftsteller (1890–1935)

10. Januar

Niemand kann sein Glück genießen,
ohne daran zu denken, dass er es genießt.

Samuel Johnson

Ereignis des Tages: In Hamburg wird der Elbtunnel eröffnet (1975).

Geburtstag: Annette von Droste-Hülshoff, dt. Dichterin (1797–1848)

11. Januar

Leiden sind Lehren.

Äsop

Ereignis des Tages: Mit der amerikanischen »Nautilus« kommt das erste atombetriebene U-Boot zum Einsatz (1955).

Geburtstag: Christine Kaufmann, dt. Schauspielerin (1945)

12. Januar

Sei ein treuer Freund deiner Seele.

Hildegard von Bingen

Ereignis des Tages: Zum ersten Mal gewinnt die SPD Reichstagswahlen (1912).

Geburtstag: Per Gessle, schwed. Sänger der Gruppe »Roxette« (1959)

13. Januar

Geh deinen Weg und lass die Leute reden!

Dante Alighieri

Ereignis des Tages: Die Bundespartei »Die Grünen« wird in Karlsruhe gegründet (1980).

Geburtstag: Patrick Dempsey, amerik. Schauspieler (1966)

14. Januar

Glücklich das Volk, dessen Geschichte sich langweilig liest.

Charles-Louis de Montesquieu

Ereignis des Tages: Bei einem geheimen Treffen in Casablanca beschließen Churchill und Roosevelt die Landung der Alliierten auf Sizilien (1943).

Geburtstag: Desirée Nosbusch, Moderatorin und Schauspielerin (1965)

15. Januar

Schlagfertige Menschen sind meistens oberflächlich
oder sie werden es infolge ihrer Begabung,
die ihnen den äußeren Erfolg mühelos erwirbt.

Jakob Boßhart

Ereignis des Tages: Slowenien und Kroatien werden als unabhängige Staaten anerkannt (1992).

Geburtstag: Martin Luther King, amerik. Menschenrechtler (1929–1968)

16. Januar

Die Art, wie man gibt,
bedeutet mehr, als was man gibt.

Pierre Corneille

Ereignis des Tages: 1962 beginnen die Dreharbeiten für den ersten James-Bond-Kinofilm »James Bond jagt Dr. No«.

Geburtstag: Sade, amerik. Sängerin (1960)

17. Januar

Wer einen Beruf ergreift, ist verloren.

Henry David Thoreau

Ereignis des Tages: Alliierte Truppen beginnen mit der Operation »Wüstensturm« zur Befreiung Kuwaits – der Beginn des Golfkriegs (1991).

Geburtstag: Paul Young, amerik. Sänger (1956)

18. Januar

Die Liebe besiegt alles, lasst auch uns der Liebe nachgeben!

Vergil

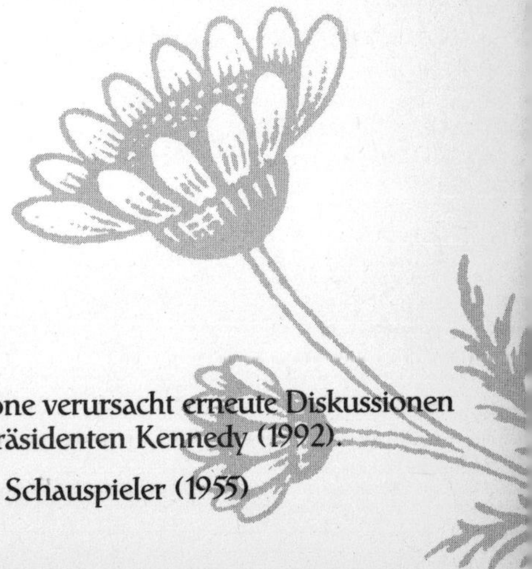

Ereignis des Tages: Der Film »J. F. K.« von Oliver Stone verursacht erneute Diskussionen um das Attentat auf den amerikanischen Präsidenten Kennedy (1992).

Geburtstag: Kevin Costner, amerik. Schauspieler (1955)

19. Januar

Lese jeden Tag etwas, was sonst niemand liest.
Denke jeden Tag etwas, was sonst niemand denkt.
Tue jeden Tag etwas, was sonst niemand albern genug wäre,
zu tun. Es ist schlecht für den Geist,
andauernd Teil der Einmütigkeit zu sein.

Gotthold Ephraim Lessing

Ereignis des Tages: Im Volkswagenwerk in Emden läuft der letzte Käfer vom Band (1978).

Geburtstag: Paul Cézanne, frz. Maler (1839–1906)

20. Januar

Leben lässt sich nur rückwärts verstehen,
muss aber vorwärts gelebt werden.

Sören Kierkegaard

Ereignis des Tages: Franklin D. Roosevelt, der 32. US-Präsident, wird als einziger Präsident zum vierten Mal vereidigt (1945).

Geburtstag: Wigald Boning, dt. Comedian (1967)

21. Januar

Und so hab ich die verständ'ge Politik mir angeeignet,
mit dem Betenden zu beten, mit dem Keifenden zu keifen.

Calderon

Ereignis des Tages: Erstmals schlägt die Radarfalle zu, die eine Messung der Geschwindigkeit von Autos mit gleichzeitigem Bildnachweis bietet (1957).

Geburtstag: Christian Dior, frz. Modeschöpfer (1905–1957)

22. Januar

Jeder kann wütend werden, das ist einfach.
Aber wütend auf den Richtigen zu sein,
im richtigen Maß, zur richtigen Zeit,
zum richtigen Zweck und auf die richtige Art,
das ist schwer.

Aristoteles

Ereignis des Tages: Luxus pur: Erstmals bricht ein Dampfer, die »Auguste Victoria« zu einer Kreuzfahrt auf (1891).

Geburtstag: Gotthold Ephraim Lessing, dt. Schriftsteller (1729–1781)

23. Januar

Haltung lässt sich leichter bewahren als wiedergewinnen.

Thomas Paine

Ereignis des Tages: Duke Ellington, Jazz- und Swingmusiker, führt sein Jazzwerk »Black, Brown and Beige« in New York erstmals auf (1943).

Geburtstag: Prinzessin Caroline von Monaco (1957)

24. Januar

Lieben Sie das Ideale oder das Reale?
Man lebt und hofft.

Wilhelm Busch

Ereignis des Tages: In den USA wird das erste Bier aus der Dose produziert (1935).

Geburtstag: Nastassja Kinski, dt. Schauspielerin (1961)

25. Januar

Abwechslung ist süßer als alles.

Euripides

Ereignis des Tages: Der Archäologe Howard Cater öffnet das Grab des Pharaos Tutanchamun in Ägypten (1925).

Geburtstag: Virginia Woolf, engl. Schriftstellerin (1882–1941)

26. Januar

Es ist sehr schade, dass die Kräfte in dem Alter abnehmen, in dem der Geschmack sich vervollkommnet.

Voltaire

Ereignis des Tages: Die Oper »Der Rosenkavalier« von Richard Strauss erlebt ihre Premiere und wird zu einem großen Erfolg (1911).

Geburtstag: Paul Newman, amerik. Schauspieler (1925)

27. Januar

Manche Menschen sehen die Dinge, wie sie sind,
und Fragen: »Warum?«
Ich wage, von Dingen zu träumen, die es niemals gab,
und frage: »Warum nicht?«

Robert Browning

Ereignis des Tages: Boris Becker gewinnt die Australien Open im Tennis und belegt damit in der Weltrangliste Platz eins (1991).

Geburtstag: Mark Owen, engl. Sänger (1972)

28. Januar

Wenn du einen verhungernden Hund auflíest
und machst ihn satt, dann wird er dich nicht beißen.
Das ist der Grundunterschied zwischen Hund und Mensch.

Mark Twain

Ereignis des Tages: Heinz Rühmann glänzt in der Rolle des Schriftstellers Pfeiffer im Film »Feuerzangenbowle« (1944).

Geburtstag: Athina Onassis, griech. Milliardärin (1985)

29. Januar

Geschmack ist das Taktgefühl des Geistes.

Stanislas Jean de Boufflers

Ereignis des Tages: Die Faser »Perlon« wird in Deutschland entwickelt, woraus sich sehr widerstandsfähige Kleidung herstellen lässt (1938).

Geburtstag: Tom Selleck, amerik. Schauspieler (1945)

30. Januar

Auch der Zufall ist nicht unergründlich.
Er hat seine Regelmäßigkeit.

Novalis

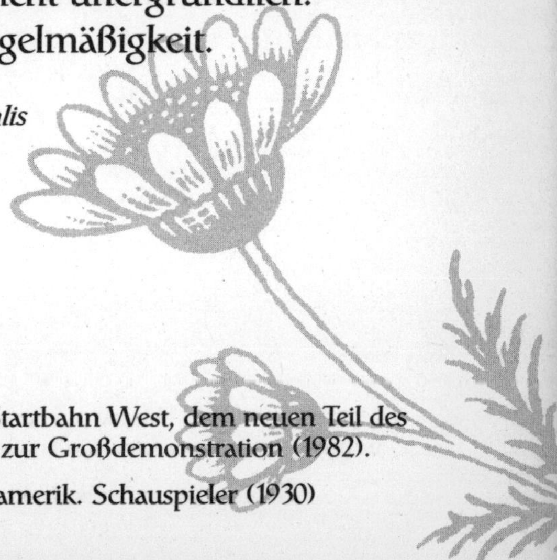

Ereignis des Tages: Bei dem Bau der Startbahn West, dem neuen Teil des Frankfurter Flughafens, kommt es zur Großdemonstration (1982).

Geburtstag: Gene Hackman, amerik. Schauspieler (1930)

31. Januar

Es gibt nur sittliche Unterschiede unter den Menschen, und jemand, der Höheres fühlt, muss Höheres leisten.

Paul Ernst

Ereignis des Tages: Der Antikriegsroman »Im Westen nichts Neues« von Erich Maria Remarque erscheint in seiner ersten Auflage (1929).

Geburtstag: Königin Beatrix von Holland (1938)

Februar

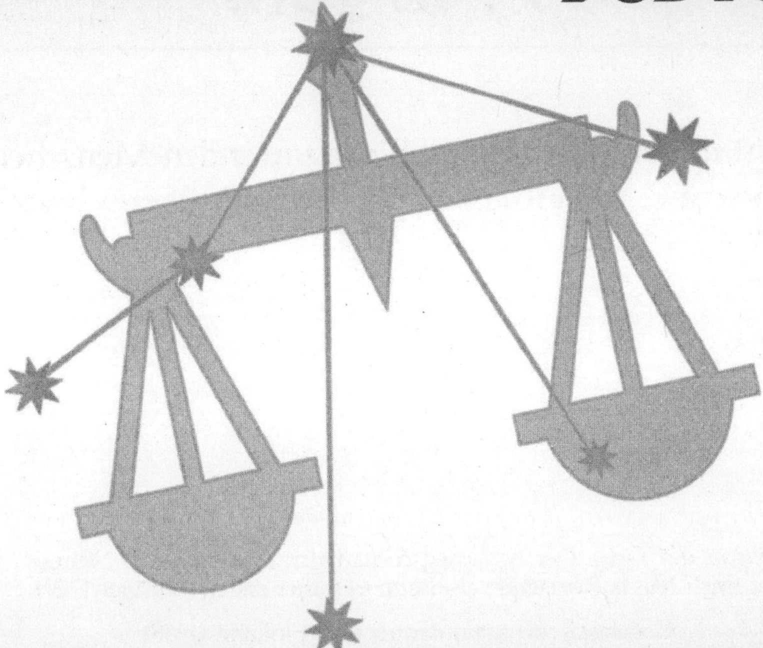

1. Februar

Man bedarf oft das Unnötigste am meisten.

Berthold Auerbach

Ereignis des Tages: Die Frauenzeitschrift »Emma« erscheint in ihrer ersten Auflage (1977).

Geburtstag: Prinzessin Stephanie von Monaco (1965)

2. Februar

Aller Tod in der Natur ist Geburt,
und gerade im Sterben erscheint sichtbar
die Erhöhung des Lebens.

Johann Gottlieb Fichte

Ereignis des Tages: Die erste öffentliche Toilette wird in London eröffnet (1852).

Geburtstag: James Joyce, irisch. Schriftsteller (1882–1941)

3. Februar

Anfangen im Kleinen,
Ausharren in Schwierigkeiten,
Streben zum Großen.

Friedrich Alfred Krupp

Ereignis des Tages: Jassir Arafat wird zum Führer der Palästinensischen Befreiungsorganisation (PLO) gewählt (1969).

Geburtstag: Georg Trakl, österr. Dichter (1887–1914)

4. Februar

Tatsachen sind die wilden Bestien im intellektuellen Gelände.

Oliver Wendell Holmes

Ereignis des Tages: Bert Brechts Theaterstück »Der gute Mensch von Sezuan« feiert Premiere (1943).

Geburtstag: Ludwig Erhard, dt. Politiker (1897–1977)

5. Februar

Ein wesentlicher Mensch ist wie die Seligkeit,
die unverändert bleibt von aller Außerheit.

Angelus Silesius

Ereignis des Tages: Deutschland wird Weltmeister im Handball.
Den letzten WM-Titel gewann die Mannschaft vor 30 Jahren (1978).

Geburtstag: Dietmar Bär, dt. Schauspieler (1961)

6. Februar

Es ist aber Naturgesetz, dass das Herz nicht ruht,
bis es ans Ziel seiner Wünsche gelangt ist.

Francesco Petrarca

Ereignis des Tages: Frankreich erkennt die USA als eigenständigen Staat an und bekundet dies mit einem Handels- und Freundschaftsvertrag (1778).

Geburtstag: Francois Truffaut, frz. Schauspieler (1932–1984)

7. Februar

Göttliche Liebe: es ist dies jene Liebe,
die alles gibt und nichts begehrt.

Annie Besant

Ereignis des Tages: Die britsche Popgruppe »The Beatles« war in England schon lange bekannt, als die Pilzköpfe den Sprung in die USA wagten. An diesem Tage wird ihre Ankunft in Amerika groß gefeiert (1964).

Geburtstag: Klaus Behrendt, dt. Schauspieler (1960)

8. Februar

Salz ist unter allen Edelsteinen,
die uns die Erde schenkt, der Kostbarste.

Justus von Liebig

Ereignis des Tages: In der DDR wird das Ministerium für Staatssicherheit (Stasi) gegründet (1950).

Geburtstag: James Dean, amerik. Schauspieler (1931–1955)

9. *Februar*

Die Freundschaft ist ein Schiff, groß genug,
um bei gutem Wetter zwei zu tragen,
aber nur einen bei schlechtem Wetter.

Ambrose Bierce

Ereignis des Tages: Rembrandt beendet sein Meisterwerk »Die Nachtwache«, dessen ursprünglicher Titel lautete: »Die Schützenkompanie des Hauptmanns Frans Banning Cock und des Leutnants Willem van Ruytenburch beim Aufbruch« (1642).

Geburtstag: Mia Farrow, amerik. Schauspielerin (1945)

10. Februar

Ich kann die Bewegung der Himmelskörper berechnen, aber nicht das Verhalten der Menschen.

Isaac Newton

Ereignis des Tages: Samuel Colt entwickelt den nach ihm benannten Revolver mit Trommel (1842).

Geburtstag: Bertolt Brecht, dt. Schriftsteller (1898–1956)

11. Februar

Die besten Dinge verdanken wir dem Zufall.

Giacomo Girolamo Casanova

Ereignis des Tages: Der südafrikanische Bürgerrechtler Nelson Mandela wird aus seiner 27 Jahre andauernden Haft entlassen (1990).

Geburtstag: Thomas Alva Edison, amerik. Erfinder (1847–1931)

12. Februar

Idealist sein heißt: Kraft haben für andere.

Novalis

Ereignis des Tages: Schluss mit der Tintenkleckserei: Durch die Erfindung des Füllfederhalters wird das Schreiben mit Tinte vereinfacht (1884).

Geburtstag: Max Beckmann, dt. Maler (1884–1950)

13. Februar

Verschwendete Zeit ist Dasein.
Gebrauchte Zeit ist Leben.

Edward Young

Ereignis des Tages: Wiedereröffnung der Semperoper in Dresden, die im Zweiten Weltkrieg völlig zerstört worden war (1985).

Geburtstag: Robbie Williams, engl. Sänger (1974)

14. Februar

Der Idealismus wächst
mit der Entfernung vom Problem.

John Galsworthy

Ereignis des Tages: Der Rat der »fünf Weisen«, der an der Beurteilung von Wirtschaftsentwicklungen arbeitet, tritt erstmals zusammen (1964).

Geburtstag: Max Horkheimer, dt. Philosoph und Soziologe (1895–1973)

15. Februar

Unser Leben ist ein Garten,
in dem unsere Gedanken die Blumen sind.

Indianische Weisheit

Ereignis des Tages: Durch eine Erfindung des Physikers Karl Braun wird es möglich, Strom sichtbar zu machen. Die dazu nötige Braunsche Röhre ist der Vorläufer des Fernsehens (1897).

Geburtstag: Elke Heidenreich, dt. Moderatorin und Autorin (1943)

16. Februar

Es gibt kein schöneres Spiel als das Augenspiel.

Russisches Sprichwort

Ereignis des Tages: »Please Please Me« ist der Titel, der der Popgruppe The Beatles zu ihrem ersten Spitzenplatz in den Charts verhilft (1963).

Geburtstag: John McEnroe, amerik. Tennisspieler (1959)

17. Februar

Wer will, dass sein Sohn Respekt vor ihm
und seinen Anweisungen hat,
muss selbst große Achtung vor seinem Sohn haben.

John Locke

Ereignis des Tages: Ein Norweger betritt als erster Mensch den Kontinent Antarktis (1895).

Geburtstag: Rita Süssmuth, dt. Politikerin (1937)

18. Februar

Was mit Gewalt gewonnen wird,
hat keine Dauer.

Oliver Cromwell

Ereignis des Tages: In Weimar werden von der deutschen Nationalversammlung Schwarz-Rot-Gold zu den Farben der Nationalflagge bestimmt (1919).

Geburtstag: Toni Morrison, amerik. Schriftstellerin (1931)

19. Februar

Das große Ziel des Lebens ist nicht Wissen, sondern Handeln.

Thomas Huxley

Ereignis des Tages: Die russische Raumstation »Mir« wird auf ihre Umlaufbahn um die Erde gebracht (1986).

Geburtstag: André Breton, frz. Schriftsteller (1896–1966)

20. Februar

Alle Kraft der Menschen wird erworben durch Kampf mit sich selbst und Überwindung seiner selbst.

Johann Gottlieb Fichte

Ereignis des Tages: Für seine Darbietung im Kinofilm »African Queen« erhält der amerikanische Schauspieler Humphrey Bogart seinen einzigen Oscar (1952).

Geburtstag: Cindy Crawford, amerik. Model (1966)

21. Februar

Die Leute, die nie lachen, sind keine ernsthaften Leute.

Alphonse Allais

Ereignis des Tages: Die erste Ausgabe der »Zeit« erscheint mit einer Auflage von 25 000 Stück (1946).

Geburtstag: William Baldwin, amerik. Schauspieler (1963)

22. Februar

Jeder schließt von sich auf andere und vergisst,
dass es auch anständige Menschen gibt.

Heinrich Zille

Ereignis des Tages: Die USA erhalten von Spanien Florida (1819).

Geburtstag: Niki Lauda, österr. Autorennfahrer (1949)

23. Februar

Nicht der Mensch hat am meisten gelebt,
welcher die höchsten Jahre zählt, sondern derjenige,
welcher sein Leben am meisten empfunden hat.

Friedrich Rückert

Ereignis des Tages: Der Film »Quo Vadis« mit Peter Ustinov wird in den USA uraufgeführt (1972).

Geburtstag: Erich Kästner, dt. Schriftsteller (1899–1974)

24. Februar

Es gibt schweigsame Menschen,
die interessanter sind als die besten Redner.

Benjamin Disraeli

Ereignis des Tages: Erstausstrahlung des Films »Das Boot« im Fernsehen (1985).

Geburtstag: Alain Prost, frz. Autorennfahrer (1955)

25. Februar

Viele sind hartnäckig in Bezug auf den einmal eingeschlagenen Weg, wenige in Bezug auf das Ziel.

Friedrich Nietzsche

Ereignis des Tages: Als zweiter Film nach »Titanic« überschreitet das Fantasy-Epos »Herr der Ringe – Die Rückkehr des Königs« die Marke von einer Milliarde US-Dollar an weltweiten Kinoeinnahmen (2004).

Geburtstag: Franz Xaver Kroetz, dt. Dramatiker (1946)

26. Februar

Worte, die von Herzen kommen, gehen zu Herzen.

Hebräisches Sprichwort

Ereignis des Tages: Der Regisseur Ang Lee wird für den Film »Sinn und Sinnlichkeit« bei der Berlinale mit dem Goldenen Bären ausgezeichnet (1996).

Geburtstag: Johnny Cash, amerik. Sänger (1932–2003)

27. Februar

Der eine wartet, dass die Zeit sich wandelt,
der andere packt sie an und handelt.

Dante Alighieri

Ereignis des Tages: Um auf ihre Rechte aufmerksam zu machen, besetzen 200 Indianer Wounded Knee in South Dakota (1973).

Geburtstag: Elizabeth Taylor, engl.-amerik. Filmschauspielerin (1932)

28. Februar

Das Weltall ist ein Kreis, dessen Mittelpunkt überall, dessen Umfang nirgends ist.

Blaise Pascal

Ereignis des Tages: In Deutschland werden Frauen erstmals zum Hochschulstudium zugelassen (1900).

Geburtstag: Joseph »Sepp« Maier, dt. Fußballnationalspieler (1944)

29. Februar

Wer sich über Kritik ärgert, gibt zu, dass sie verdient war.

Publius Cornelius Tacitus

Ereignis des Tages: Tod des früheren Königs von Bayern, Ludwig I. (1868).

Geburtstag: Michele Morgan, frz. Schauspielerin (1920)

März

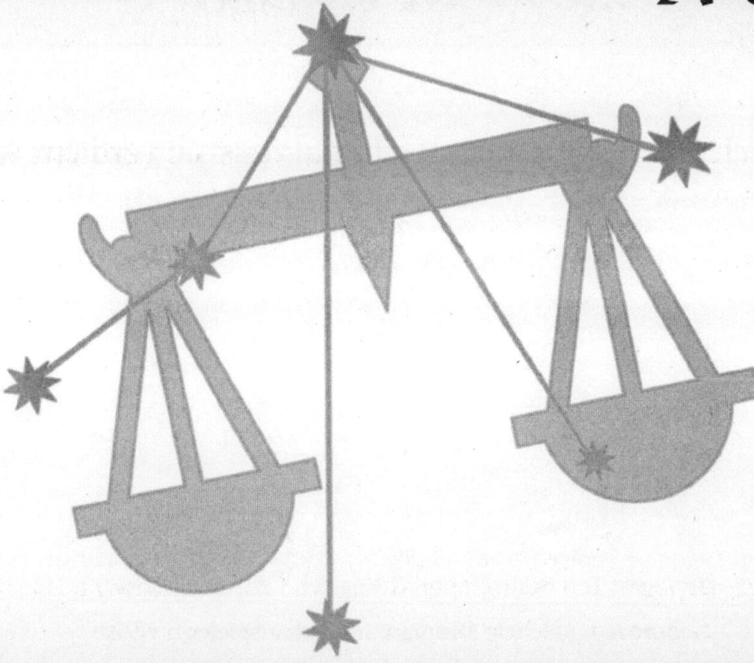

1. März

Das Gehirn ist nicht nur ein Gefäß, das gefüllt werden muss, sondern ein Feuer, das gezündet werden will.

Plutarch

Ereignis des Tages: Mit der Untersuchung von Fingerabdrücken steht der Polizei eine neue Ermittlungsmöglichkeit zur Verfügung (1903).

Geburtstag: Harry Belafonte, amerik. Sänger (1927)

2. März

Der Verstand wird durch Wahrheit erleuchtet,
das Herz wird durch Liebe erwärmt.

Russisches Sprichwort

Ereignis des Tages: Der österreichische Autor Felix Salter erschafft das Rehkitz »Bambi« (1923).

Geburtstag: John Irving, amerik. Schriftsteller (1942)

3. März

Ich habe schreckliche Dinge in meinem Leben mitgemacht,
von denen ein paar tatsächlich geschahen.

Mark Twain

Ereignis des Tages: Der von Papst Johannes XIII. berufene Bischof Laurean Rugambwa wird der erste farbige Kardinal (1960).

Geburtstag: Heiner Geißler, dt. Politiker (1930)

4. März

Um im Leben glücklich zu sein, brauchen wir etwas zu arbeiten, etwas zu lieben und etwas, auf das wir hoffen können.

Joseph Addison

Ereignis des Tages: Thomas Jefferson wird in Washington dritter Präsident der USA (1801).

Geburtstag: Chris Rea, brit. Sänger (1951)

5. März

Das Leben ist nie etwas, es ist die Gelegenheit zu etwas.

Friedrich Hebbel

Ereignis des Tages: Nach der Vorlage von Bram Stoker kommt »Nosferatu – eine Symphonie des Grauens« ins Kino (1922).

Geburtstag: Rosa Luxemburg, dt. Politikerin (1870–1919)

6. März

Jungen Leuten ist Freude und Ergötzen so vonnöten
wie Essen und Trinken.

Martin Luther

Ereignis des Tages: Erstmals ziehen die Grünen in den deutschen Bundestag ein (1983).

Geburtstag: Harald Schumacher, dt. Fußballnationaltorwart (1954)

7. März

Wenn du den Wert des Geldes kennenlernen willst,
versuche, dir welches zu leihen.

Benjamin Franklin

Ereignis des Tages: Syrische Freiheitskämpfer rufen die Unabhängigkeit ihres Landes aus, das jedoch ein Jahr später von Frankreich besetzt wird (1920).

Geburtstag: Heinz Rühmann, dt. Schauspieler (1902–1994)

8. März

Wer die Gesellschaft nicht entbehren kann,
soll sich ihren Gebräuchen unterwerfen,
weil sie mächtiger sind als er.

Adolph Freiherr Knigge

Ereignis des Tages: Joe Frazier besiegt Muhammad Ali (1971).

Geburtstag: Otto Hahn, dt. Chemiker (1879–1968)

9. März

Es ist sicher eine schöne Sache, aus gutem Haus zu sein.
Aber das Verdienst gebührt den Vorfahren.

Plutarch

Ereignis des Tages: Der Film »Ödipussi« von Loriot gelangt in die deutschen Kinos (1988).

Geburtstag: Ornella Muti, ital. Schauspielerin (1956)

10. März

Es gibt keinen Menschen, der nicht die Freiheit liebte;
aber der Gerechte fordert sie für alle,
der Ungerechte nur für sich allein.

Ludwig Börne

Ereignis des Tages: Der Mörder des amerikanischen Bürgerrechtlers Martin Luther King wird zu 99 Jahren Haft verurteilt (1969).

Geburtstag: Sharon Stone, amerik. Schauspielerin (1958)

11. März

Ein Irrtum ist umso gefährlicher, je mehr Wahrheit er enthält.

Henri-Frédéric Amiel

Ereignis des Tages: Uraufführung des Kinofilms »Der Pate« von Francis Ford Coppola (1972).

Geburtstag: Janosch, dt. Illustrator und Erzähler (1931)

12. März

Ein Freund ist ein Mensch, vor dem man laut denken kann.

Ralph Waldo Emerson

Ereignis des Tages: Nach dem Urteil des Europäischen Gerichtshofs wird das deutsche Reinheitsgebot für ausländische Biere aufgehoben (1987).

Geburtstag: Liza Minelli, amerik. Schauspielerin und Sängerin (1946)

13. März

Ein Mann, der mit einer einfachen Illusion glücklich
zu werden weiß, ist unendlich schlauer als einer,
der an der Wirklichkeit verzweifelt.

Alphonse Allais

Ereignis des Tages: Der ehemalige DDR Staats- und Parteichef Erich Honecker flieht nach Moskau (1991).

Geburtstag: Karl Friedrich Schinkel, dt. Baumeister (1781–1841)

14. März

Der Klügere gibt nach! Eine traurige Wahrheit,
sie begründet die Weltherrschaft der Dummheit.

Marie von Ebner-Eschenbach

Ereignis des Tages: In Halberstadt beginnt der erste deutsche Gewerkschaftskongress (1892).

Geburtstag: Quincy Jones, amerik. Komponist und Sänger (1933)

15. März

Erholung ist die Würze der Arbeit.

Plutarch

Ereignis des Tages: In Paris werden Bilder von Vincent van Gogh ausgestellt (1901).

Geburtstag: Zarah Leander, schwed. Schauspielerin (1907–1981)

16. März

Natürlicher Verstand kann fast jeden Grad von Bildung ersetzen, aber keine Bildung den natürlichen Verstand.

Arthur Schopenhauer

Ereignis des Tages: Alfred Hitchcocks Meisterwerk »Psycho« wird in den Kinos gezeigt (1960).

Geburtstag: Jerry Lewis, amerik. Filmkomiker (1926)

17. März

Die Liebe ist kein Schadenfeuer; aber ist sie entbrannt, kann man sie nicht mehr löschen.

Russisches Sprichwort

Ereignis des Tages: Bei einer Volksbefragung unter der weißen Bevölkerung Südafrikas stimmen 68,7 % der Menschen für die Abschaffung der Apartheid (1992).

Geburtstag: Kurt Russell, amerik. Schauspieler (1951)

18. März

Das Geld, das man besitzt, ist das Instrument der Freiheit:
das Geld, dem man nachjagt, ist das Instrument der Knechtschaft.

Jean-Jacques Rousseau

Ereignis des Tages: Der deutsche Kaiser Friedrich II. krönt sich selbst zum König von Jerusalem und unterstreicht damit seine Unabhängigkeit vom Papst (1229).

Geburtstag: Christa Wolf, dt. Schriftstellerin (1928)

19. März

Dumm ist, wer glaubt,
Geschehenes durch Worte ungeschehen zu machen.

Plautus

Ereignis des Tages: Kurdische Protestler blockieren die Autobahn München–Stuttgart, um gegen die Unterdrückung der kurdischen PKK zu demonstrieren (1994).

Geburtstag: Bruce Willis, amerik. Schauspieler (1955)

20. März

Gepriesen sei derjenige, der nichts zu sagen hat
und davon absieht, das zu beweisen.

George Eliot

Ereignis des Tages: Durch einen Sieg nach Punkten gegen den Amerikaner Charles Williams übernimmt der Deutsche Henry Maske den Weltmeistertitel im Halbschwergewicht (1993).

Geburtstag: Holly Hunter, amerik. Schauspielerin (1958)

21. März

Lasst uns das Leben genießen,
solange wir es nicht begreifen.

Kurt Tucholsky

Ereignis des Tages: Das 3-D-Filmverfahren wird als neue Revolution in der Kinowelt angekündigt. 3-D-Brillen ermöglichen dabei den Zuschauern ein neues Filmerlebnis (1953).

Geburtstag: Hans-Dietrich Genscher, dt. Politiker (1927)

22. März

Wenn du ein Kind hast,
dann wird auch aus dir wieder eins werden.

Äthiopisches Sprichwort

Ereignis des Tages: Bundestagsbeschluss: Die Volljährigkeit beginnt mit 18 Jahren (1974).

Geburtstag: André Heller, österr. Künstler (1947)

23. März

Mische ein bisschen Torheit in dein ernstes Tun und Trachten!
Albernheiten im rechten Moment sind etwas Köstliches.

Horaz

Ereignis des Tages: Ludwig Erhard löst Konrad Adenauer als Bundeskanzler ab (1966).

Geburtstag: Joan Crawford, amerik. Schauspielerin (1908–1977)

24. März

Es ist nicht genug, zu wissen – man muss es auch anwenden.
Es ist nicht genug, zu wollen – man muss es auch tun!

Johann Wolfgang von Goethe

Ereignis des Tages: In England wird eine Hochdruckdampfmaschine patentiert. In eine Kutsche eingebaut, kann diese erstmalig Pferde ersetzen (1802).

Geburtstag: Nena, dt. Sängerin (1960)

25. März

Denken ist die Arbeit des Intellekts,
Träumen sein Vergnügen.

Victor Hugo

Ereignis des Tages: Aus der Sowjetisch Besetzten Zone entsteht die DDR (1954).

Geburtstag: Aretha Franklin, amerik. Sängerin (1942)

26. März

Das Leben ist ein Spiel.
Man macht keine größeren Gewinne,
ohne Verluste zu riskieren.

Christine von Schweden

Ereignis des Tages: Der Jugendstil erhält durch eine Ausstellung Einzug in Wien: Er gewinnt seine Formen aus der Materialstruktur und Funktionalität (1898).

Geburtstag: Patrick Süskind, dt. Schriftsteller (1949)

27. März

Man soll nicht mehr schlachten,
als man salzen kann.

Indianische Weisheit

Ereignis des Tages: Uraufführung des ersten Hitchcock-Thrillers »Rebecca«, der nach einer Romanvorlage von Daphne du Maurier gedreht wurde (1940).

Geburtstag: Heinrich Mann, dt. Schriftsteller (1871–1950)

28. März

Es ist besser, etwas gehabt und wieder verloren zu haben,
als es nie gehabt zu haben.

Walisisches Sprichwort

Ereignis des Tages: Die deutsche Nationalversammlung beschließt die erste Verfassung (1849).

Geburtstag: Werner Bahlsen, dt. Keksfabrikant (1904–1985)

29. März

Wenn meine Freunde einäugig sind, betrachte ich sie im Profil.

Joseph Joubert

Ereignis des Tages: Einweihung der neuen Glaspyramide vor dem Museum Louvre in Paris (1989).

Geburtstag: Wilhelm Liebknecht, dt. Politiker und Journalist (1826–1900)

30. März

Zu viel ist zu viel, aber viel zu viel ist genau richtig.

Hannibal

Ereignis des Tages: Das Werk »Sonnenblumen« von Vincent van Gogh wird für den Spitzenpreis von 72,5 Mio. DM verkauft (1987).

Geburtstag: Vincent van Gogh, niederl. Maler (1853–1890)

31. März

Immer nur lernen, ohne dabei nachzudenken,
das führt zu Verwirrung. Immer nur nachdenken,
ohne dabei zu lernen, das führt zu Erschöpfung.

Konfuzius

Ereignis des Tages: In Paris wird der nach dem Erbauer Alexandre Gustav Eiffel benannte Eiffelturm vollendet (1889).

Geburtstag: René Descartes, frz. Philosoph und Mathematiker (1596–1650)

April

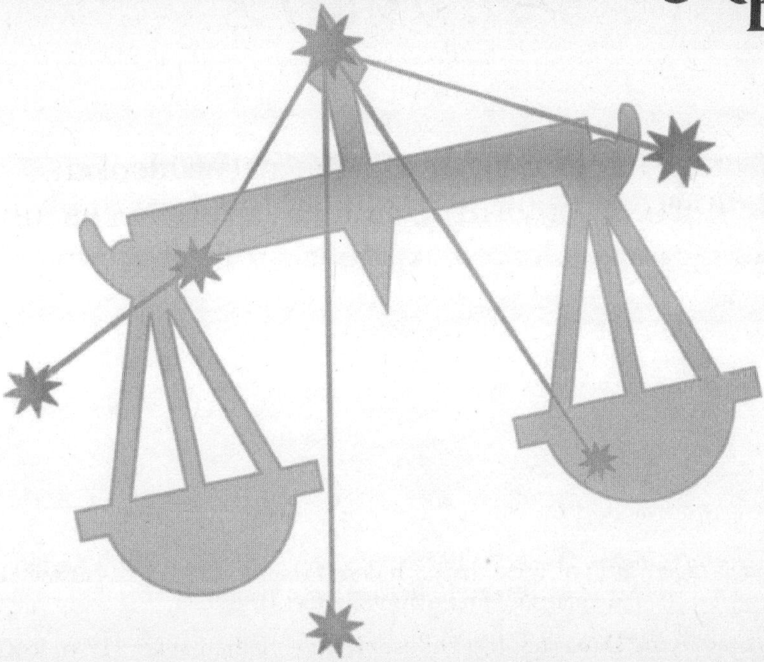

1. April

Der ideale Tag wird nie kommen.
Der ideale Tag ist heute, wenn wir ihn dazu machen.

Horaz

Ereignis des Tages: Das erste Telefonnetz Deutschlands wird in Berlin mit 48 Teilnehmern in Betrieb genommen (1881).

Geburtstag: Milan Kundera, tschech. Schrifsteller (1929)

2. April

Die Entfernung ist unwichtig.
Nur der erste Schritt ist wichtig.

Marquise du Deffand

Ereignis des Tages: In England wird der erste Busdienst eingesetzt. Mit Dampf betrieben, ähnelt das Gefährt einer Lokomotive und kann bis zu 20 Personen befördern (1831).

Geburtstag: Marvin Gaye, amerik. Sänger (1939)

3. April

Gehe ganz in deinen Handlungen auf
und denke, es wäre deine letzte Tat.

Buddha

Ereignis des Tages: Mit der Unterzeichnung des Marshallplanes durch den Präsidenten der USA, Harry S. Truman, wird der Wiederaufbau Europas in Angriff genommen (1948).

Geburtstag: Marlon Brando, amerik. Schauspieler (1924)

4. April

Die Moral ist immer die letzte Zuflucht der Leute, welche die Schönheit nicht begreifen.

Oscar Wilde

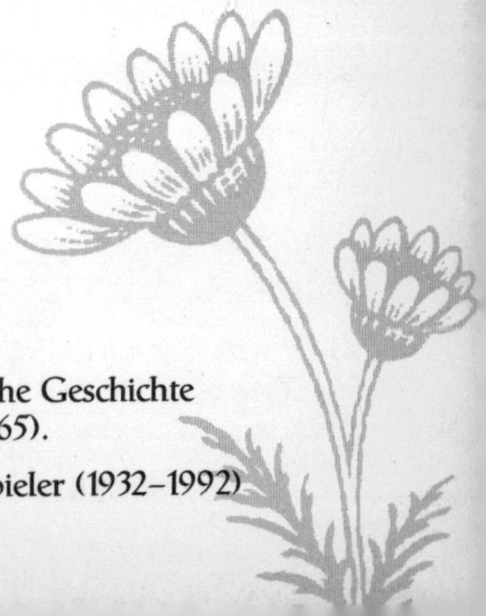

Ereignis des Tages: Wilhelm Buschs satirische Geschichte »Max und Moritz« erscheint (1865).

Geburtstag: Anthony Perkins, amerik. Schauspieler (1932–1992)

5. April

Man muss sich auf etwas verlassen können,
von dem man nicht verlassen wird.

Laotse

Ereignis des Tages: Erstmals wird die Herzfunktion bei einer Operation von einer Herz-Lungen-Maschine übernommen (1951).

Geburtstag: Bette Davis, amerik. Schauspielerin (1908–1989)

6. April

Mittelmäßige Geister verurteilen gewöhnlich alles,
was über ihren Horizont geht.

La Rochefoucauld

Ereignis des Tages: Stanley Kubricks »2001 – Odyssee im Weltraum« wird uraufgeführt und verhilft dem Science-Fiction-Genre zu einem enormen Aufschwung (1968).

Geburtstag: Hans W. Geißendörfer, dt. Regisseur, Autor und Produzent (1941)

7. April

Im November verabschiedet sich die Sonne
und man entdeckt die Liebe zum Ofen.

Russisches Sprichwort

Ereignis des Tages: Prag erlebt die erste Universitätsgründung in Mitteleuropa (1348).

Geburtstag: Francis Ford Coppola, amerik. Filmregisseur (1939)

8. April

Was sich nicht abbürsten lässt,
muss man abstreicheln.

Ovid

Ereignis des Tages: Die Restaurierung des Wandgemäldes »Das Jüngste Gericht« von Michelangelo in der Sixtinischen Kapelle im Vatikan ist abgeschlossen (1994).

Geburtstag: Julian Lennon, amerik. Sänger (1963)

9. April

Jede dunkle Nacht hat ein helles Ende.

Nezâmî

Ereignis des Tages: Der Kinoerfolg »Jenseits von Eden« wird uraufgeführt und macht den Schauspieler James Dean zur Legende (1955).

Geburtstag: Charles Baudelaire, frz. Schriftsteller (1821–1867)

10. April

Tu so viel Gutes, wie du kannst,
und mache so wenig Gerede wie nur möglich darüber.

Charles Dickens

Ereignis des Tages: Trennung Paul McCartneys von den Beatles (1970).

Geburtstag: Heiner Lauterbach, dt. Schauspieler (1953)

11. April

Ein wenig Leidenschaft beflügelt den Geist,
zu viel löscht ihn aus.

Henri Stendhal

Ereignis des Tages: Erste Projektoren zur Filmvorführung patentiert.
Das Kino-Zeitalter wird eingeläutet (1895).

Geburtstag: Bernd Eichinger, dt. Filmproduzent (1949)

12. April

Ein Kluger bemerkt alles,
ein Dummer macht über alles seine Bemerkungen.

Heinrich Heine

Ereignis des Tages: »Wostok 1« heißt das Raumschiff, in dem sich der Russe Juri Gagarin als erster Mensch in den Weltraum begibt (1961).

Geburtstag: Herbert Grönemeyer, dt. Sänger und Schauspieler (1956)

13. April

Wie kahl und jämmerlich würde manches Stück Erde aussehen, wenn kein Unkraut darauf wüchse.

Wilhelm Raabe

Ereignis des Tages: Der Impfstoff gegen Kinderlähmung wird freigegeben (1955).

Geburtstag: Rudi Völler, dt. Fußballer und Trainer (1960)

14. April

Viele glauben nichts, aber fürchten alles.

Friedrich Hebbel

Ereignis des Tages: Das Theaterstück »Nathan der Weise« von Gotthold Ephraim Lessing wird uraufgeführt (1783).

Geburtstag: Montserrat Caballé, span. Sängerin (1933)

15. April

Es gibt nichts Beständigeres als die Unbeständigkeit.

Hans Jakob Christoffel von Grimmelshausen

Ereignis des Tages: Das als unsinkbar geltende Passagierschiff »Titanic« geht unter (1912).

Geburtstag: Richard von Weizsäcker, dt. Politiker (1920)

16. April

Der Kluge lernt, der Dummkopf erteilt gern Belehrungen.

Anton Tschechow

Ereignis des Tages: Das erfolgreiche Musical »A Chorus Line« von Marvin Hamlisch wird erstmals aufgeführt (1975).

Geburtstag: Charles »Charlie« Chaplin, brit. Schauspieler (1889–1977)

17. April

Die Liebe ist eine Dummheit,
die zu zweit begangen wird.

Napoléon

Ereignis des Tages: Nur knapp steuert Apollo 13, die US-amerikanische Raumfähre, an einer Katastrophe vorbei (1970).

Geburtstag: Nikita Chruschtschow, sowjet. Politiker (1894–1971)

18. April

Nichts auf der Welt ist so gerecht verteilt wie der Verstand.
Denn jedermann ist überzeugt, dass er genug davon habe.

René Descartes

Ereignis des Tages: Irland scheidet aus dem britischen Commonwealth aus und wird eigenständige Republik (1949).

Geburtstag: Esther Schweins, dt. Schauspielerin (1970)

19. April

Egal, wie tief man die Messlatte des geistigen Verstandes eines Menschen legt, es gibt jeden Tag jemanden, der bequem darunter durchlaufen kann.

Deutsches Sprichwort

Ereignis des Tages: Kardinal Josef Ratzinger wird Papst Benedikt XVI. (2005).

Geburtstag: Jayne Mansfield, amerik. Schauspielerin (1932–1967)

20. April

Die Bücher, die von der Welt unmoralisch genannt werden, sind Bücher, die der Welt ihre eigene Schande zeigen.

Oscar Wilde

Ereignis des Tages: Die Apollo 16 ist die fünfte bemannte Landung auf dem Mond (1972).

Geburtstag: Joan Miró, span. Maler und Bildhauer (1893–1983)

21. April

Der Anfang fürchtet oft, womit das Ende scherzt.

Andreas Gryphius

Ereignis des Tages: Der weltgrößte Schaufelradbagger nimmt im Tagebau in Bergheim seinen Dienst auf (1976).

Geburtstag: Andie MacDowell, amerik. Schauspielerin (1958)

22. April

In Wirklichkeit erkennen wir nichts;
denn die Wahrheit liegt in der Tiefe.

Demokrit

Ereignis des Tages: Auf Drängen der Sowjetunion bildet sich aus der Kommunistischen und Sozialistischen Partei (KPD/SPD) die SED, die Sozialistische Einheitspartei Deutschlands (1946).

Geburtstag: Jack Nicholson, amerik. Schauspieler (1937)

23. April

Platonische Liebe kommt mir so vor wie ein ewiges Zielen
und niemals losdrücken.

Wilhelm Busch

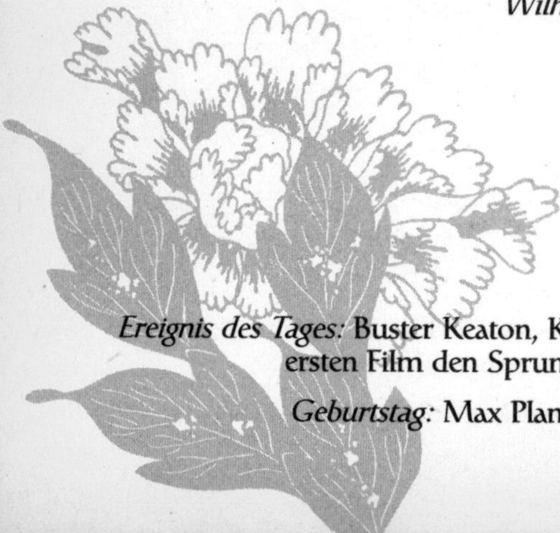

Ereignis des Tages: Buster Keaton, Komiker aus den USA, schafft mit seinem ersten Film den Sprung in die Berühmtheit (1917).

Geburtstag: Max Planck, dt. Physiker (1858–1947)

24. April

Es gehört viel Kraft dazu, Gefühle zu zeigen,
die ins Lächerliche gezogen werden können.

Germaine Madame de Staël

Ereignis des Tages: Joseph Haydns Werk »Die Jahreszeiten« feiert eine rauschende Premiere (1801).

Geburtstag: Shirley MacLaine, amerik. Schauspielerin (1934)

25. April

Moral zu predigen ist ebenso leicht,
als Moral zu begründen schwer ist.

Friedrich Nietzsche

Ereignis des Tages: Angebliche Hitler-Tagebücher werden auf einer Pressekonferenz präsentiert. Sie stellen sich später als Fälschung heraus (1983).

Geburtstag: Katja Riemann, dt. Schauspielerin (1963)

26. April

Zu glauben ist schwer, nichts zu glauben ist unmöglich.

Victor Hugo

Ereignis des Tages: Veröffentlichung des Buches »Der Prozess« von Franz Kafka durch seinen Verleger Max Brod (1925).

Geburtstag: Alfred Krupp, dt. Industrieeller (1812–1887)

27. April

Nie habe ich einen gesehen,
der der Tugend mehr ergeben war als der Sinnlichkeit.

Konfuzius

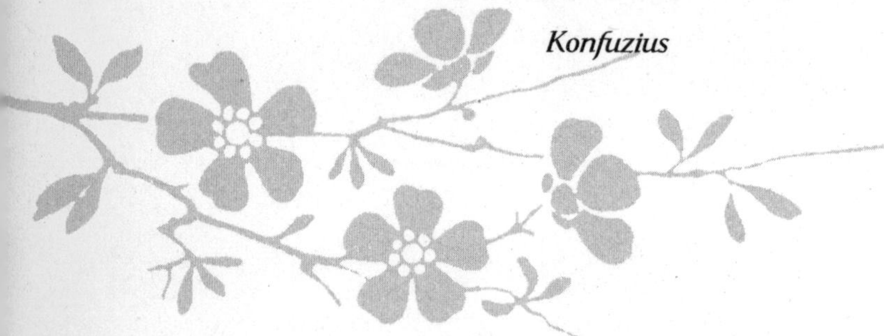

Ereignis des Tages: Die ersten chemischen Farbprodukte werden industriell von der BASF hergestellt (1865).

Geburtstag: Sheena Easton, brit. Sängerin (1959)

28. April

Langweiler: ein Mensch, der redet,
wenn du wünschst, dass er zuhört.

Ambrose Bierce

Ereignis des Tages: Unzufriedene Besatzungsmitglieder setzen den britischen Kapitän William Bligh aus: Die Meuterei auf dem Segelschiff »Bounty« nimmt ihren Lauf (1789).

Geburtstag: Yves Klein, frz. Künstler (1928–1962)

29. April

Lass dich durch nichts auf Erden traurig machen,
solange du noch lieben kannst.

Ungarisches Sprichwort

Ereignis des Tages: Erstmals fährt ein Auto schneller als 100 km/h (1899).

Geburtstag: Jürgen Vogel, dt. Schauspieler (1968)

30. April

Ohne Zweifel sind die besten und für das Gemeinwohl verdienstvollsten Werke von ledigen oder kinderlosen Männern vollbracht worden.

Francis Bacon

Ereignis des Tages: Das Vorgängermodell des modernen Radargerätes wird in Deutschland patentiert (1904).

Geburtstag: Carl XVI. Gustav, schwed. König (1946)

Mai

1. Mai

Beim Abschied wird die Zuneigung zu den Sachen,
die uns lieb sind, immer ein wenig wärmer.

Michel de Montaigne

Ereignis des Tages: Das größte Gebäude der Welt, das Empire State Building in New York, wird eröffnet (1931).

Geburtstag: Ralf Dahrendorf, dt. Politiker und Soziologe (1929)

2. Mai

Eilen hilft nichts.
Zur rechten Zeit fortgehen, das ist's.

Jean de la Fontaine

Ereignis des Tages: Deutschland wird mitwirkende Kraft im Europarat und kann sich nun aktiv am Wirtschaftsleben Europas beteiligen (1951).

Geburtstag: Axel Caesar Springer, dt. Verleger (1912–1985)

3. Mai

Nichts wird so leicht für Übertreibung gehalten
wie die Schilderung der reinen Wahrheit.

Joseph Conrad

Ereignis des Tages: Das Gleichstellungsgesetz von Mann und Frau wird im deutschen Bundestag verabschiedet (1957).

Geburtstag: Andrea Spatzek, österr. Schauspielerin (1959)

4. Mai

Eines Tages wird alles gut sein, das ist unsere Hoffnung.
Heute ist alles in Ordnung, das ist unsere Illusion.

Voltaire

Ereignis des Tages: Die Insel Manhattan wird den Indianern abgekauft und erhält den Namen Neu-Amsterdam, das spätere New York (1626).

Geburtstag: Audrey Hepburn, amerik. Schauspielerin (1929–1993)

5. Mai

Menschen mit einer neuen Idee gelten so lange als Spinner, bis sich die Sache durchgesetzt hat.

Mark Twain

Ereignis des Tages: Pablo Picassos Gemälde »Junge mit Pfeife« ist das teuerste Bild der Welt. Es wird in New York für umgerechnet 85,7 Millionen Euro versteigert (2004).

Geburtstag: Gregory Peck, amerik. Schauspieler (1916–2003)

6. Mai

Wende dein Gesicht der Sonne zu,
und du lässt die Schatten hinter dir.

Afrikanisches Sprichwort

Ereignis des Tages: Der Tunnel zwischen Calais und Dover, der Frankreich und England miteinander verbindet, wird eröffnet (1994).

Geburtstag: Sigmund Freud, österr. Psychoanalytiker (1856–1939)

7. Mai

Sobald die kleine Quelle versiegt,
trocknet der große Strom aus.

Aus Japan

Ereignis des Tages: Die erste elektrisch funktionierende Schreibmaschine kommt auf den Markt (1957).

Geburtstag: Marie Bäumer, dt. Schauspielerin (1969)

8. *Mai*

Das Geheimnis des außerordentlichen Menschen
ist in den meisten Fällen nichts als Konsequenz.

Buddha

Ereignis des Tages: Eine neue Mixtur, von einem amerikanischen Apotheker erfunden, kommt auf den Markt: Coca-Cola (1886).

Geburtstag: Roberto Rossellini, ital. Filmregisseur (1906–1977)

9. Mai

Zärtlichkeit und Güte drücken nicht
Schwäche und Verzweiflung aus, sondern sie sind
Zeichen der Stärke und Entschlossenheit!

Khalil Gibran

Ereignis des Tages: Der Viertaktmotor von Nikolaus Otto wird erprobt und ist funktionstüchtig (1876).

Geburtstag: Billy Joel, amerik. Sänger (1949)

10. Mai

Sei, was du bist, immer ganz und immer derselbe.

Adolph Freiherr von Knigge

Ereignis des Tages: In den USA wird die Eisenbahnlinie, die den Pazifik mit dem Atlantik verbindet, fertiggestellt (1869).

Geburtstag: Chuck Norris, amerik. Schauspieler (1940)

11. Mai

Den Ehrlosen siehst du mit den Angelegenheiten
seines Nachbarn beschäftigt.

Aus Arabien

Ereignis des Tages: Der Zusammenbruch der Credit-Anstalt in Österreich führt zu einer weltweiten Finanzkrise (1931).

Geburtstag: Salvador Dalí, span. Maler (1904–1989)

12. Mai

Die Standhaftigkeit besteht darin,
dass man sich dem Unglück entgegenstellt!

Friedrich der Große

Ereignis des Tages: Der erste digitale Rechner in Deutschland wird in Betrieb genommen (1941).

Geburtstag: Joseph Beuys, dt. Künstler (1921–1986)

13. Mai

Die Jahre lehren viel, was die Tage niemals wissen.

Ralph Waldo Emerson

Ereignis des Tages: Zum ersten Mal wird der Muttertag gefeiert (1923).

Geburtstag: Stevie Wonder, amerik. Sänger (1950)

14. Mai

Es gibt sehr viele Leute, die glauben – aber aus Aberglauben.

Blaise Pascal

Ereignis des Tages: Der Staat Israel wird ausgerufen, nachdem England sich aus dem Gebiet zurückgezogen hatte (1948).

Geburtstag: Ulrike Folkerts, dt. Schauspielerin (1961)

15. Mai

Die Zukunft hat viele Namen.
Für die Schwachen ist sie die Unerreichbare,
für die Furchtsamen ist sie die Unbekannte,
für die Tapferen ist sie die Chance.

Victor Hugo

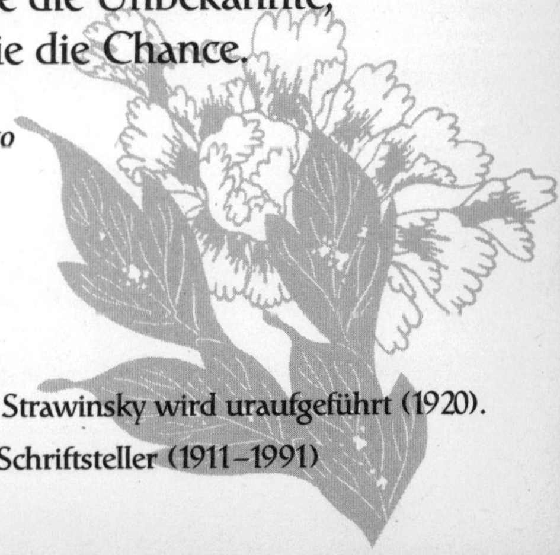

Ereignis des Tages: Das Ballett »Pulcinella« von Strawinsky wird uraufgeführt (1920).

Geburtstag: Max Frisch, schweiz. Schriftsteller (1911–1991)

16. Mai

Was für den Körper der Schwindel ist,
ist Verlegenheit für den Geist.

Ludwig Börne

Ereignis des Tages: Nach einem Giftgasanschlag in Japan wird der Führer der dafür verantwortlichen Aum-Sekte verhaftet (1995).

Geburtstag: Janet Jackson, amerik. Sängerin (1966)

17. Mai

Die Zeit ist ein Augenblick.
Unser Erdendasein wie unser Erdengang
ein Fall durch Augenblicke.

Jean Paul

Ereignis des Tages: In den USA wird die Rassentrennung vom obersten Gericht als verfassungsfeindlich eingestuft (1954).

Geburtstag: Sebastian Kneipp, dt. Naturheilkundler (1821–1897)

18. Mai

Aufmerksamkeit und Liebe bedingen einander wechselseitig.

Hugo von Hofmannsthal

Ereignis des Tages: In Deutschland erfolgt ein wichtiger Schritt in Richtung Wiedervereinigung: Unterzeichnung des deutsch-deutschen Staatsvertrags (1990).

Geburtstag: Thomas Gottschalk, dt. Showmaster (1950)

19. Mai

Denn nichts Vollkommenes gibt es auf Erden.

Horaz

Ereignis des Tages: Zum ersten Mal besteigt eine Frau den Mount Everest (1975).

Geburtstag: Grace Jones, amerik. Sängerin (1952)

20. Mai

Das wahre Gut des Menschen ist das eifrige Bestreben der Vervollkommnung seiner Natur.

Baruch de Spinoza

Ereignis des Tages: »La dolce vita«, Kultfilm des Regisseurs Federico Fellini, wird mit der Goldenen Palme ausgezeichnet (1960).

Geburtstag: Sky du Mont, dt. Schauspieler (1947)

21. Mai

Wer das Schwerere oder Größere bewirken kann,
kann auch das Geringere bewirken.

René Descartes

Ereignis des Tages: Der Pilot Charles Lindbergh überwindet mit seiner Maschine »Spirit of St. Louis« erstmalig den Atlantik im Alleinflug (1927).

Geburtstag: Albrecht Dürer, dt. Maler (1471–1528)

22. Mai

Leidenschaft ist immer siegreich.

Theodor Fontane

Ereignis des Tages: 27 Jahre nach dem Ende der Beatles ist in Großbritannien eine Musikaufnahme von Paul McCartney und John Lennon aufgetaucht, die sie nach Auseinanderbrechen der Gruppe aufgenommen haben (1997).

Geburtstag: Richard Wagner, dt. Komponist (1813–1883)

23. Mai

Der Augenblick ist kostbar wie das Leben eines Menschen.

Friedrich von Schiller

Ereignis des Tages: Das Grundgesetz für die Bundesrepublik Deutschland wird verabschiedet (1949).

Geburtstag: Dieter Hildebrandt, dt. Kabarettist (1927)

24. Mai

Im Dunkeln hat einzig der Irrtum sein Reich.

Luc de Clapiers Vauvenargues

Ereignis des Tages: Samuel Morse übermittelt auf einer Versuchsleitung das erste Telegramm. Dazu benutzt er eine Codierung, aus der später das Morsealphabet wird (1844).

Geburtstag: Bob Dylan, amerik. Protestsänger (1941)

25. Mai

Das große unzerstörbare Wunder
ist der Menschenglaube an Wunder.

Jean Paul

Ereignis des Tages: Francis Ford Coppolas Antikriegsfilm »Apocalypse Now« mit Marlon Brando erhält in Cannes die Goldene Palme (1979).

Geburtstag: Miles Davis, amerik. Jazzmusiker (1926–1991)

26. Mai

Bereit sein ist viel, warten können ist mehr,
doch erst den rechten Augenblick nützen, ist alles.

Arthur Schnitzler

Ereignis des Tages: Die Bundesrepublik Deutschland wird von den Alliierten als teilsouveräner Staat anerkannt (1952).

Geburtstag: Isadora Duncan, amerik. Tänzerin (1877–1927)

27. Mai

Die Kunst der Weisheit besteht darin, zu wissen,
was man übersehen muss.

William James

Ereignis des Tages: Die Golden-Gate-Brücke in San Francisco wird eröffnet (1937).

Geburtstag: Henry Kissinger, amerik. Politiker (1923)

28. Mai

Gäbe es die letzte Minute nicht, so würde niemals etwas fertig.

Mark Twain

Ereignis des Tages: Gründung der Organisation Amnesty International, die sich für die internationale Einhaltung von Menschenrechten einsetzt (1961).

Geburtstag: Kylie Minogue, austr. Sängerin (1968)

29. Mai

Ein guter Mensch ist zuverlässiger als eine steinerne Brücke.

Marc Aurel

Ereignis des Tages: Die ersten Menschen besteigen den 8872 Meter hohen Berg Mount Everest (1953).

Geburtstag: John F. Kennedy, amerik. Präsident (1917–1963)

30. Mai

Auf einen Bambusstock kann man sich stützen,
nicht aber auf einen Strick.

Chinesisches Sprichwort

Ereignis des Tages: Der Deutsche Bundestag beschließt die umstrittenen Notstandsgesetze, die zeitweise Teile des Grundgesetzes aufheben können (1968).

Geburtstag: Inge Meysel, dt. Schauspielerin (1910–2004)

31. Mai

Mancher Mensch hat ein großes Feuer in seiner Seele,
und niemand kommt, um sich daran zu wärmen.

Vincent van Gogh

Ereignis des Tages: Die erste Elektrolok wird vorgestellt.
Der Konstrukteur ist Werner von Siemens (1879).

Geburtstag: Fürst Rainier von Monaco (1923–2005)

Juni

1. Juni

Zu wissen, was man weiß,
und zu wissen, was man tut,
das ist Wissen.

Konfuzius

Ereignis des Tages: Ein über 5 Meter langer Beluga-Wal verirrt sich in den Niederrhein (1966).

Geburtstag: Heidi Klum, dt. Model (1973)

2. Juni

Bildung ist etwas Wunderbares.
Doch sollte man sich von Zeit zu Zeit daran erinnern,
dass wirklich Wissenswertes nicht gelehrt werden kann.

Oscar Wilde

Ereignis des Tages: Der »Mars-Express«, die erste europäische Raumfähre, ist gestartet (2003).

Geburtstag: Marcel Reich-Ranicki, dt. Literaturkritiker (1920)

3. Juni

Journalisten sind die Geburtshelfer und Totengräber der Zeit.

Karl Ferdinand Gutzkow

Ereignis des Tages: Das erste Spiegelteleskop wird in San Diego/USA in Betrieb genommen – die Entdeckung neuer Himmelskörper ist nun möglich (1948).

Geburtstag: Thomas Ohrner, dt. Schauspieler und Moderator (1965)

4. Juni

Die Welt soll durch Zärtlichkeit gerettet werden.

Fjodor Michailowitsch Dostojewski

Ereignis des Tages: Der französische König Ludwig XVIII. besteigt nach seiner Flucht nach Großbritannien den Thron und setzt damit die Monarchie fort (1814).

Geburtstag: Karl Valentin, dt. Komiker (1882–1948)

5. Juni

Hundert männliche und hundert weibliche Eigenschaften machen einen Menschen komplett.

Aus Tibet

Ereignis des Tages: Die ersten Fälle der Immunschwächekrankheit AIDS werden entdeckt (1981).

Geburtstag: Frederico García Lorca, span. Lyriker (1898–1936)

6. Juni

Man darf nicht das, was uns
unwahrscheinlich und unnatürlich erscheint,
mit dem verwechseln, was absolut unmöglich ist.

Carl Friedrich Gauß

Ereignis des Tages: 374 prominente Frauen aus Deutschland bekennen, dass sie abgetrieben haben. Damit demonstrieren sie gegen den § 218 (1971).

Geburtstag: Thomas Mann, dt. Schriftsteller (1875–1955)

7. Juni

Hoffnung und Freude sind die besten Ärzte.

Wilhelm Raabe

Ereignis des Tages: Willy Brandt trifft zum ersten Staatsbesuch eines deutschen Bundeskanzlers in Israel ein (1973).

Geburtstag: Prince, amerik. Popstar (1958)

8. Juni

Bedacht ist schon, was zu bedenken ist.

Friedrich von Schiller

Ereignis des Tages: Der Kölner Boxer Peter Müller, genannt »De Aap«, schlägt den Ringrichter nieder (1952).

Geburtstag: Jürgen von der Lippe, dt. Showmaster (1948)

9. *Juni*

Es ist nicht zu wenig Zeit, die wir haben,
sondern zu viel Zeit, die wir nicht nützen!

Seneca

Ereignis des Tages: Im Eröffnungsspiel der Fußball-WM treffen Deutschland und Costa Rica aufeinander (2006).

Geburtstag: Johnny Depp, amerik. Schauspieler (1963)

10. Juni

Wie du beim Sterben gelebt zu haben wünschest,
so sollst du jetzt schon leben.

Marc Aurel

Ereignis des Tages: Der französische Revolutionär Robespierre übernimmt die französische Regierung (1794).

Geburtstag: Prinzessin Madeleine von Schweden (1982)

11. Juni

Wer tugendhaft lebt, wird geehrt,
aber nicht beneidet.

Persisches Sprichwort

Ereignis des Tages: »Jurassic Park« von Stephen Spielberg wird zum größten Erfolg in der Kinogeschichte (1995).

Geburtstag: Klaus Wagenbach, dt. Verleger (1930)

12. Juni

So notwendig wie die Freundschaft
ist nichts im Leben.

Aristoteles

Ereignis des Tages: Der Kinofilm »Cleopatra« mit Liz Taylor in der Titelrolle feiert Premiere in New York (1963).

Geburtstag: Egon Schiele, österr. Maler (1890–1918)

13. Juni

Wir leben immer in einer Welt,
die wir uns selbst einbilden.

Johann Gottfried von Herder

Ereignis des Tages: König Ludwig II. von Bayern ertrinkt im Starnberger See. Ob Unfall, Mord oder Selbstmord kann nicht geklärt werden (1886).

Geburtstag: Prinzessin Cristina von Spanien (1965)

14. Juni

Wahrhaft Großes zu leisten,
ist nur dem in sich ganz gesammelten
und abgeschlossenen Gemüt möglich.

Carl Maria von Weber

Ereignis des Tages: Zwei Engländer überqueren erstmals den Nordatlantik mit dem Flugzeug (1919).

Geburtstag: Stefanie Graf, dt. Tennisspielerin (1969)

15. Juni

Das Glück deines Lebens hängt
von der Beschaffenheit deiner Gedanken ab.

Marc Aurel

Ereignis des Tages: In Deutschland wird unter Bismarck das Gesetz zur Krankenversicherung auf den Weg gebracht (1883).

Geburtstag: Salman Rushdie, brit.-ind. Schriftsteller (1947)

16. Juni

Geduld ist ebenso schmachvoll wie Eile:
Beide sind Furcht.

Walther Rathenau

Ereignis des Tages: Die erste Frau im Weltraum ist die Russin Walentina W. Tereschkowa (1963).

Geburtstag: Klaus Lage, dt. Musiker (1950)

17. Juni

Das hat man doch nicht in seiner Macht,
in wen man sich verliebt!

Henrik Ibsen

Ereignis des Tages: Auf Anordnung des Präsidenten Richard Nixon werden Abhörgeräte im Watergate-Hotel in Washington D.C./USA installiert (1972).

Geburtstag: Joachim Król, dt. Schauspieler (1957)

18. Juni

Es ist besser, für etwas zu kämpfen, als gegen etwas.

Amos Bronson Alcott

Ereignis des Tages: Der Bundestag verbietet Tabakwerbung im Fernsehen (1974).

Geburtstag: Isabella Rossellini, ital. Schauspielerin (1952)

19. Juni

Ein guter Roman erzählt die Wahrheit über den Helden,
aber ein schlechter Roman erzählt die Wahrheit über den Autor.

Gilbert Keith Chesterton

Ereignis des Tages: Das Rockmusical »The Rocky Horror Show« von Richard O'Brian wird in London uraufgeführt (1973).

Geburtstag: Paula Abdul, amerik. Sängerin (1962)

20. Juni

Das Rechte erkennen und nicht tun:
Das ist Mangel an Mut.

Konfuzius

Ereignis des Tages: Der deutsche Bundestag beschließt mit knapper Mehrheit den Regierungsumzug nach Berlin (1991).

Geburtstag: Nicole Kidman, austr. Schauspielerin (1967)

21. Juni

Wenn du gehen kannst, kannst du auch tanzen.
Wenn du sprechen kannst, kannst du auch singen.

Afrikanisches Sprichwort

Ereignis des Tages: 250 000 Menschen versammeln sich im Londoner Hyde Park, um das Stimmrecht für Frauen zu fordern (1908).

Geburtstag: Prinz William von England (1982)

22. Juni

Im Grunde sind es immer die Verbindungen mit Menschen, die dem Leben einen Wert geben.

Wilhelm von Humboldt

Ereignis des Tages: Erstaufführung von Goethes Faust II in Berlin, inszeniert von Gustaf Gründgens (1942).

Geburtstag: Meryl Streep, amerik. Schauspielerin (1949)

23. Juni

Das Genie hat etwas vom Instinkt der Zugvögel.

Jakob Boßhart

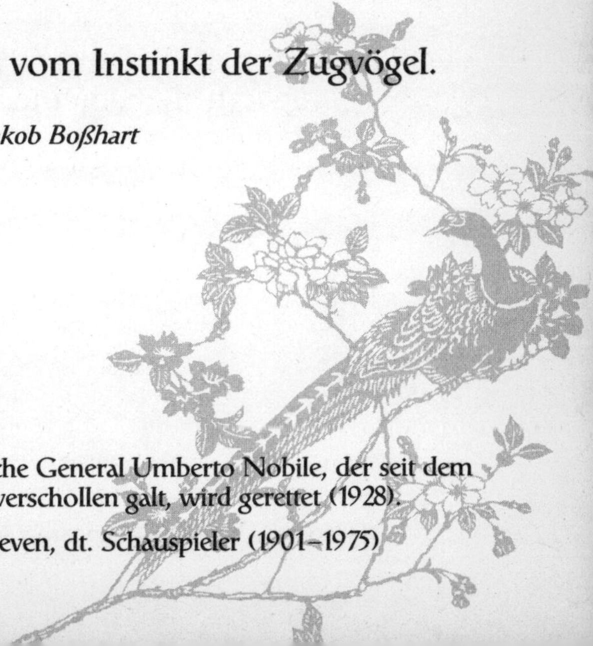

Ereignis des Tages: Der italienische General Umberto Nobile, der seit dem 25. Mai als am Nordpol verschollen galt, wird gerettet (1928).

Geburtstag: Paul Verhoeven, dt. Schauspieler (1901–1975)

24. Juni

Es steckt oft mehr Geist und Scharfsinn in einem Irrtum als in einer Entdeckung.

Joseph Joubert

Ereignis des Tages: Die erste Ausgabe der BILD-Zeitung erscheint (1952).

Geburtstag: Claude Chabrol, frz. Regisseur (1930)

25. Juni

Nichts in der Welt ist so ansteckend
wie Gelächter und gute Laune.

Charles Dickens

Ereignis des Tages: Truppen Nordkoreas überschreiten die Grenze zu Südkorea und lösen den Koreakrieg aus (1950).

Geburtstag: George Michael, brit. Sänger (1963)

26. Juni

Das Privileg der Götter wie der Menschen ist das Lachen.

Demokrit

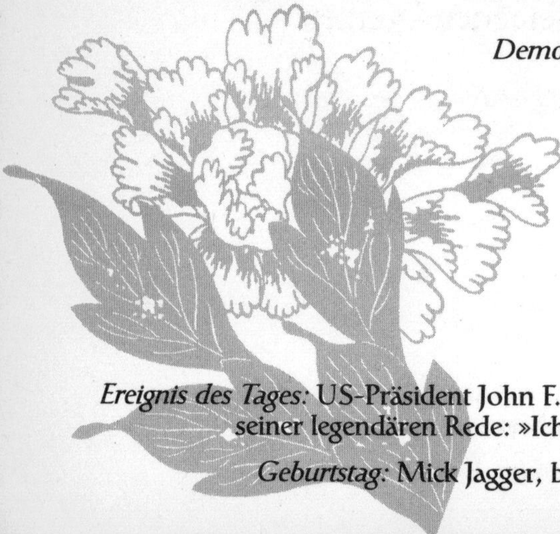

Ereignis des Tages: US-Präsident John F. Kennedy sagt in Westberlin am Ende seiner legendären Rede: »Ich bin ein Berliner.« (1963).

Geburtstag: Mick Jagger, brit. Rockmusiker (1944)

27. Juni

Wer immer in Zerstreuungen lebt,
wird fremd im eigenen Herzen.

Adolph Freiherr Knigge

Ereignis des Tages: Das Kurfürstentum Bayern wird unter die Herrschaft der österreichischen Kaiserin Maria Theresia gestellt (1743).

Geburtstag: Isabelle Adjani, frz. Schauspielerin (1955)

28. Juni

Ein Kuss klingt nicht so laut wie eine Kanone.
Aber das Echo lebt länger.

Oliver Wendell Holmes

Ereignis des Tages: Erster regulärer Passagierflug zwischen den USA und Europa (1939).

Geburtstag: Mel Brooks, amerik. Regisseur (1926)

29. Juni

Freiwillige Abhängigkeit ist der schönste Zustand,
und wie wäre der möglich ohne Liebe?

Johann Wolfgang von Goethe

Ereignis des Tages: Brasilien wird zum ersten Mal Fußballweltmeister (1958).

Geburtstag: Antoine de Saint-Exupéry, frz. Schriftsteller (1900–1944)

30. Juni

Du zählst im Elend keinen Freund.

Euripides

Ereignis des Tages: Die ARD strahlt die erste Dallas-Folge aus (1981).

Geburtstag: Ralf Schumacher, dt. Rennfahrer (1975)

Juli

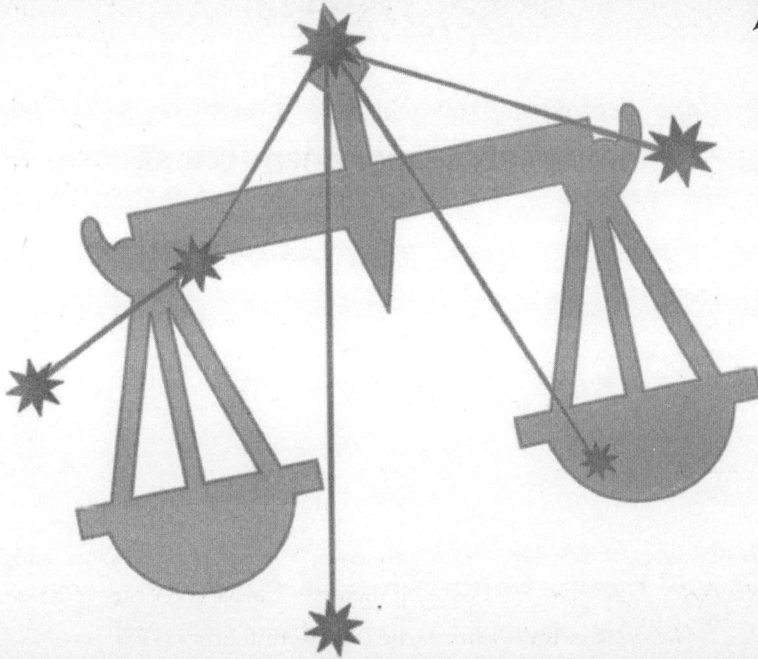

1. Juli

Die einfachsten Wahrheiten sind es,
auf die ein Mensch immer am spätesten kommt.

Ludwig Feuerbach

Ereignis des Tages: Nach 156 Jahren kolonialer Herrschaft Großbritanniens wird Hongkong wieder an China zurückgegeben (1997).

Geburtstag: Prinzessin Diana von England (1961–1997)

2. Juli

Die Freundschaft fließt aus vielen Quellen,
am meisten aber aus dem Respekt.

Daniel Defoe

Ereignis des Tages: Per Bürgerrechtsgesetz wird in den USA Rassendiskriminierung jeglicher Art verboten (1965).

Geburtstag: Hermann Hesse, dt. Schriftsteller (1877–1962)

3. Juli

Mensch: ein Lebewesen, so angetan von Illusionen über sich, dass es völlig vergisst, was es eigentlich sein sollte.

Ambrose Bierce

Ereignis des Tages: Das berühmte Riesenrad am Wiener Prater wird eingeweiht (1897).

Geburtstag: Tom Cruise, amerik. Filmschauspieler (1962)

4. Juli

Wollen wir in Frieden leben,
muss der Friede aus uns selbst kommen.

Jean-Jacques Rousseau

Ereignis des Tages: Die Raumsonde Pathfinder landet auf dem Mars (1997).

Geburtstag: Ute Lemper, dt. Sängerin (1963)

5. Juli

Es gibt kein großes Genie ohne einen Schuss Verrücktheit.

Aristoteles

Ereignis des Tages: Thomas Cook bietet die erste Pauschalreise an (1841).

Geburtstag: Georges Pompidou, frz. Staatspräsident (1911–1974)

6. Juli

Der Wunsch nach Vollkommenheit
ist die schrecklichste Krankheit,
die den menschlichen Geist befallen kann.

Theodor Fontane

Ereignis des Tages: Die Tänzerin Micheline Bernardi führt auf einer Pariser Modenschau den ersten Bikini vor (1946).

Geburtstag: Sylvester Stallone, amerik. Filmschauspieler (1946)

7. Juli

Glaube nicht alles, was du hörst,
sage nicht alles, was du willst,
tue nicht alles, was du magst.

Martin Luther

Ereignis des Tages: Der 17-jährige Boris Becker gewinnt als erster Deutscher Wimbledon (1985).

Geburtstag: Nina Hoss, dt. Schauspielerin (1975)

8. Juli

Zwischen Entweder und Oder führt noch manches Sträßlein.

Josef Victor von Scheffel

Ereignis des Tages: Erster israelischer Staatsbesuch von Ministerpräsident Yitzhak Rabin in Deutschland (1975).

Geburtstag: Käthe Kollwitz, dt. Grafikerin und Bildhauerin (1867–1945)

9. Juli

Wer wenig bedarf, kommt nicht in die Lage,
auf vieles verzichten zu müssen.

Plutarch

Ereignis des Tages: Der US-Amerikaner und späterer Tarzan-Darsteller Johnny Weissmuller schwimmt den Weltrekord in 100-Meter Freistil (1922).

Geburtstag: Tom Hanks, amerik. Schauspieler (1956)

10. Juli

Nur der Wechsel ist wohltätig.
Unaufhörliches Tageslicht ermüdet.

Wilhelm von Humboldt

Ereignis des Tages: Ein Schiff der Umweltschutzorganisation Greenpeace, die »Rainbow Warrior«, wird versenkt (1985).

Geburtstag: Ulla Kock am Brink, dt. Fernsehmoderatorin (1961)

11. Juli

Das meiste haben wir gewöhnlich in der Zeit getan,
in der wir meinten, zu wenig zu tun.

Marie von Ebner-Eschenbach

Ereignis des Tages: Premiere des Italo-Westerns »Spiel mir das Lied vom Tod« von Sergio Leone (1968).

Geburtstag: Suzanne Vega, amerik. Sängerin (1959)

12. Juli

Wenn du in Eile bist, mache einen Umweg.

Buddhistisches Sprichwort

Ereignis des Tages: In der Eingangshalle des spanischen Pavillons auf der Pariser Weltausstellung hängt Pablo Picassos Ölgemälde »Guernica« (1937).

Geburtstag: Pablo Neruda, chilen. Dichter (1904–1973)

13. Juli

Auf Sand geschrieben ist, was du im Alter noch erlernst;
in Stein graviert, was du in der Jugend gelernt hast.

Persisches Sprichwort

Ereignis des Tages: Austragung der ersten Fußball-Weltmeisterschaft (1930).

Geburtstag: Harrison Ford, amerik. Schauspieler (1942)

14. Juli

Im Herzen ist die Hölle, im Herzen ist das Paradies.

Japanisches Sprichwort

Ereignis des Tages: Sturm auf die Bastille in Paris – Beginn der Französischen Revolution (1789).

Geburtstag: Prinzessin Victoria von Schweden (1977)

15. Juli

Die Dinge haben den Wert, den man ihnen gibt.

Molière

Ereignis des Tages: Der Spielfilm »Blondinen bevorzugt« wird in den USA uraufgeführt (1953).

Geburtstag: Rembrandt van Rijn, fläm. Maler (1606–1669)

16. Juli

Es ist gesünder, zu hoffen und das Mögliche zu schaffen, als zu schwärmen und nichts zu tun.

Gottfried Keller

Ereignis des Tages: Die Sowjetunion gewährt Deutschland volle Souveränität – entscheidender Schritt zur Vereinigung von BRD und DDR (1990).

Geburtstag: Ginger Rogers, amerik. Tänzerin und Schauspielerin (1911–1995)

17. Juli

Alte Knaben haben genauso ihr Spielzeug wie die jungen,
der Unterschied liegt lediglich im Preis.

Benjamin Franklin

Ereignis des Tages: Kinostart des Kultfilms »Easy Rider« (1969).

Geburtstag: Angela Merkel, dt. Bundeskanzlerin (1954)

18. Juli

Wenn du merkst, dass du zur Mehrheit gehörst,
wird es Zeit, deine Einstellung zu revidieren.

Mark Twain

Ereignis des Tages: Eröffnung des ersten Disneyland-Parks in Los Angeles (1955).

Geburtstag: Ricarda Huch, dt. Schriftstellerin (1864–1947)

19. Juli

Der Glückliche ist mit sich und seiner Umgebung einig.

Oscar Wilde

Ereignis des Tages: In einer englischen Zeitschrift erscheint die erste Heiratsannonce der Welt (1695).

Geburtstag: Gottfried Keller, schweiz. Schriftsteller (1819–1890)

20. Juli

Nur das fröhliche Herz ist fähig,
Wohlgefallen am Guten zu finden.

Immanuel Kant

Ereignis des Tages: Kambodscha und Laos werden unabhängig (1954).

Geburtstag: Nathalie Wood, amerik. Filmschauspielerin (1938–1981)

21. Juli

Gute Erziehung bedeutet, verbergen zu können,
wie viel wir von uns selbst halten und
wie wenig von den anderen.

Mark Twain

Ereignis des Tages: Der US-amerikanische Astronaut Neil Armstrong betritt als erster Mensch den Mond, live mitverfolgt von über 500 Millionen Fernsehzuschauern (1969).

Geburtstag: Ernest Hemingway, amerik. Schriftsteller (1899–1961)

22. Juli

Die Liebe besteht zu drei Vierteln aus Neugier.

Giacomo Girolamo Casanova

Ereignis des Tages: Großbritannien ist der letzte europäische Staat, der die Prügelstrafe abschafft (1968).

Geburtstag: Franka Potente, dt. Schauspielerin (1974)

23. Juli

Zwei Menschen sind immer zwei Extreme.

Christian Friedrich Hebbel

Ereignis des Tages: Den Protestanten wird unter Karl V. die freie Religionsausübung zugestanden (1532).

Geburtstag: Götz George, dt. Schauspieler (1938)

24. Juli

Je öfter du unterwegs fragst, wie weit du noch zu gehen hast,
desto länger wird dir der Weg erscheinen.

Australisches Sprichwort

Ereignis des Tages: Südafrika nimmt erstmals seit 1960 an Olympischen Spielen teil (1992).

Geburtstag: Frank Wedekind, dt. Schriftsteller (1864–1918)

25. Juli

Misstrauen ist eine schlechte Rüstung,
die mehr hindern als schirmen kann.

George Gordon Byron

Ereignis des Tages: Papst Paul VI. verbietet den Gebrauch der Pille (1968).

Geburtstag: Stefanie Hertel, dt. Sängerin (1979)

26. Juli

Es gibt Leute, die meinen, alles wäre vernünftig, was man mit einem ernsthaften Gesicht tut.

Georg Christoph Lichtenberg

Ereignis des Tages: Das erste Baby aus der Retorte wird in London zur Welt gebracht (1978).

Geburtstag: Sandra Bullock, amerik, Schauspielerin (1965)

27. Juli

Bewunderung ist eine sehr kurzlebige Leidenschaft, die sofort verfällt, sobald man mit ihrem Gegenstand näher bekannt wird.

Joseph Addison

Ereignis des Tages: In Kairo stirbt der gestürzte Schah von Persien, Mohammed Resa Pahlawi (1980).

Geburtstag: Margarethe Schreinemakers, dt. Moderatorin (1958)

28. Juli

In einem wankenden Schiff fällt um, wer stille steht,
nicht wer sich bewegt.

Ludwig Börne

Ereignis des Tages: Zum ersten Mal in der Geschichte werden Frauen bei Olympischen Spielen zugelassen (1928).

Geburtstag: Jacqueline »Jackie« Onassis, amerik. Publizistin (1929–1994)

29. Juli

Das Publikum beklatsche ein Feuerwerk,
aber keinen Sonnenaufgang.

Friedrich Hebbel

Ereignis des Tages: Hochzeit des britischen Thronfolgers Prinz Charles mit Lady Diana Spencer in London (1981).

Geburtstag: Dag Hammerskjöld, schwed. Politiker (1905–1961)

30. Juli

Großherzigkeit ist der Klugheit keine Rechenschaft über ihre Motive schuldig.

Luc de Clapiers Vauvenargues

Ereignis des Tages: Durch das umstrittene »Wembley-Tor« wird Gastgeber England Fußballweltmeister (1966).

Geburtstag: Kate Bush, brit. Sängerin (1958)

31. Juli

Nicht was ich habe, sondern was ich schaffe, ist mein Reich.

Samuel Smiles

Ereignis des Tages: In Valencia wird zum letzten Mal ein Ketzer im Rahmen der Inquisition hingerichtet (1834).

Geburtstag: Erich Heckel, dt. Maler (1883–1970)

August

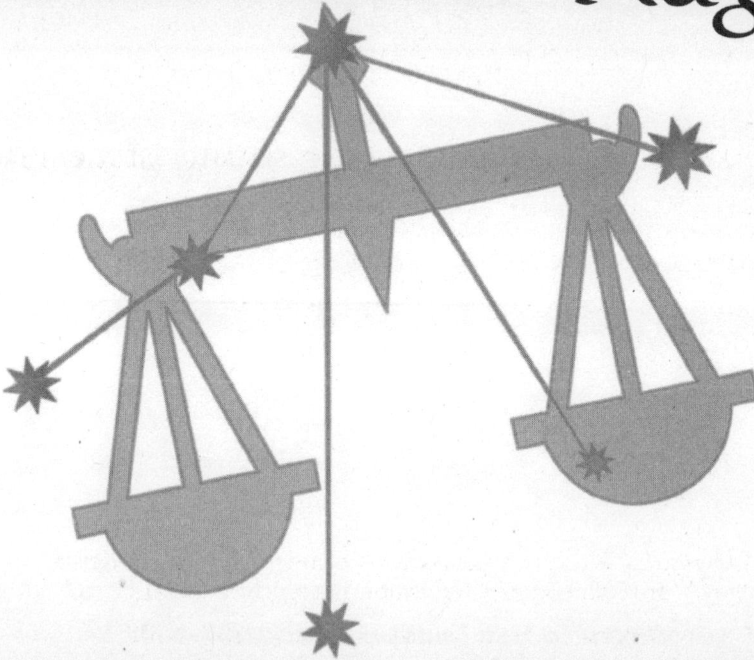

1. August

Wer nicht auf seine Weise denkt,
denkt überhaupt nicht.

Oscar Wilde

Ereignis des Tages: Der Musiksender MTV startet erfolgreich sein Programm (1981).

Geburtstag: Yves Saint-Laurent, frz. Modeschöpfer (1936)

2. August

Die größte Sache der Welt ist,
dass man sich selbst zu gehören weiß.

Michel de Montaigne

Ereignis des Tages: Der karthagische Feldherr Hannibal fügt den Römern die größte Niederlage ihrer Geschichte zu (216 v. Chr.).

Geburtstag: Volker Brandt, dt. Schauspieler (1936)

3. August

Gewohnheit, Sitte und Brauch sind stärker als die Wahrheit.

Voltaire

Ereignis des Tages: Die Mailänder Scala, das in klassischem Stil gebaute Opernhaus, wird eingeweiht (1778).

Geburtstag: Martin Sheen, amerik. Schauspieler (1940)

4. August

Fünf sind geladen, zehn sind gekommen.
Tu Wasser zur Suppe, heiß alle willkommen.

Deutsches Sprichwort

Ereignis des Tages: Der Argentinier Juan Manuel Fangio erringt zum fünften Mal den Weltmeistertitel der Formel 1 (1957).

Geburtstag: Knut Hansen, norweg. Schriftsteller (1859–1952)

5. August

Tadle nicht den Fluss, wenn du ins Wasser fällst.

Indisches Sprichwort

Ereignis des Tages: Die amerikanische Schauspielerin Marilyn Monroe wird in ihrer Wohnung tot aufgefunden, die Diagnose Selbstmord bleibt jedoch umstritten (1958).

Geburtstag: Rosi Mittermaier, dt. Skirennläuferin (1950)

6. August

Lehren heißt nicht, ein leeres Gefäß zu füllen,
sondern eine Fackel anzuzünden.

Heraklit

Ereignis des Tages: Als erste Frau durchschwimmt die deutsche Gertrude Ederle den Ärmelkanal (1926).

Geburtstag: Andy Warhol, amerik. Künstler (1928–1987)

7. August

Gebrauche nie ein hartes Wort,
wo ein glimpfliches seine Dienste tut.

Johann Peter Hebel

Ereignis des Tages: In Helsinki findet die erste Leichtathletik-Weltmeisterschaft statt (1983).

Geburtstag: Joachim Ringelnatz, dt. Schriftsteller (1883–1934)

8. August

Ist die Zeit das Kostbarste unter allem,
so ist Zeitverschwendung die allergrößte Verschwendung.

Benjamin Franklin

Ereignis des Tages: Der amerikanische Präsident Richard Nixon tritt wegen seiner Verwicklung in den Watergate-Skandal zurück (1974).

Geburtstag: Dustin Hoffman, amerik. Schauspieler (1937)

9. August

Nicht die Tatsachen machen das Leben schwer,
sondern unsere Bewertung der Tatsachen.

Epiktet

Ereignis des Tages: Die Tennismannschaft der USA gewinnt das erste Finale um den Davis-Cup (1900).

Geburtstag: Whitney Houston, amerik. Popsängerin (1963)

10. August

Nicht weinen, nicht zürnen, sondern begreifen!

Baruch de Spinoza

Ereignis des Tages: In Paris wird der Louvre, ehemals Schloss der französischen Könige, als Museum eröffnet (1793).

Geburtstag: Grit Boettcher, dt. Schauspielerin (1938)

11. August

Es ist jedenfalls besser, ein eckiges Etwas zu sein
als ein rundes Nichts.

Friedrich Hebbel

Ereignis des Tages: Eine totale Sonnenfinsternis zieht Millionen Menschen in Deutschland in ihren Bann. Die nächste Sonnenfinsternis ist hierzulande wieder 2081 zu sehen (1999).

Geburtstag: Enid Blyton, engl. Schriftstellerin (1896–1968)

12. August

Die Seele nährt sich von dem, woran sie sich erfreut.

Augustinus

Ereignis des Tages: Der amerikanische Leichtathlet Carl Lewis gewinnt bei den XXIII. Olympischen Spielen vier Goldmedaillen (1984).

Geburtstag: Mark Knopfler, brit. Musiker (1949)

13. August

Es liegt in frischen Kleidern eine Art Jugend,
in die das Alter sich hüllen soll.

Joseph Joubert

Ereignis des Tages: Der Mauerbau in Berlin beginnt (1961).

Geburtstag: Heike Makatsch, dt. Schauspielerin (1971)

14. August

Das Beste, was der Mensch für einen anderen tun kann,
ist doch immer das, was er für ihn ist.

Adalbert Stifter

Ereignis des Tages: Präsident De Klerk führt in Südafrika Reformen zur Lockerung der Apartheid ein (1989).

Geburtstag: Wim Wenders, dt. Filmregisseur (1945)

15. August

Der wahrhaft Gelehrte schämt sich nicht,
auch jene zu fragen, die unter ihm stehen.

Fernöstliche Weisheit

Ereignis des Tages: 500 000 Hippies besuchen das Woodstock-Festival (1969).

Geburtstag: Napoléon, Kaiser der Franzosen (1769–1821)

16. August

Das Große ist nicht, dies und das zu sein,
sondern man selbst zu sein.

Sören Kierkegaard

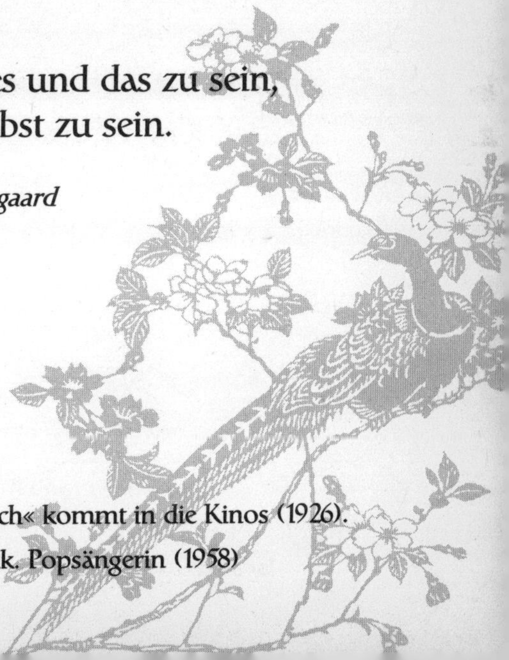

Ereignis des Tages: Chaplins »Goldrausch« kommt in die Kinos (1926).

Geburtstag: Madonna, amerik. Popsängerin (1958)

17. August

Es gibt keine Pflicht, die nicht der Heiterkeit bedürfe,
um recht erfüllt zu werden.

John Milton

Ereignis des Tages: Ein Urteil des Bundesverfassungsgerichts erklärt die KPD als verfassungswidrig (1956).

Geburtstag: Robert de Niro, amerik. Schauspieler (1943)

18. August

Schönheit ist überall. Nicht sie fehlt unseren Augen,
sondern unsere Augen sehen oft daran vorbei.

Auguste Rodin

Ereignis des Tages: Der Austin »Mini« Cooper erregt das Interesse der Automobilwelt (1959).

Geburtstag: Patrick Swayze, amerik. Schauspieler (1952)

19. August

Dankbare Menschen sind wie fruchtbare Felder:
Sie geben das Empfangene zehnfach zurück.

August von Kotzebue

Ereignis des Tages: 14 n. Chr. wird Tiberius römischer Kaiser und sichert die Grenzen des Reiches.

Geburtstag: Prinzessin Mette-Marit von Norwegen (1972)

20. August

Zur Grobheit ist zu bemerken, dass sie
die überflüssige Erzeugerin von Missvergnügen ist;
denn Strenge gebiert Frucht, Grobheit aber gebiert Hass.

Francis Bacon

Ereignis des Tages: In Baltimore wird die erste Gewerkschaft in den USA gegründet (1866).

Geburtstag: Hannelore Hoger, dt. Schauspielerin (1941)

21. August

Die Liebe trägt die Seele,
wie die Füße den Leib tragen.

Katharina von Siena

Ereignis des Tages: Das Gemälde »Mona Lisa« wird aus dem Pariser Louvre geraubt (1911).

Geburtstag: Kenny Rogers, amerik. Sänger (1938)

22. August

Wer immer von sich selber spricht,
will uns in der Regel über sich täuschen.

Jakob Boßhart

Ereignis des Tages: Zum ersten Mal finden in Salzburg die berühmten Salzburger Festspiele statt (1920).

Geburtstag: Claude Debussy, frz. Komponist (1862–1918)

23. August

**Der Erwachsene achtet auf Taten,
das Kind auf Liebe.**

Indisches Sprichwort

Ereignis des Tages: Kinostart von »Tote schlafen fest« (1946).

Geburtstag: Ephraim Kishon, israel. Schriftsteller (1924–2005)

24. August

Die Fassung der Edelsteine
erhöht ihren Preis, nicht ihren Wert.

Ludwig Börne

Ereignis des Tages: Der Ausbruch des Vesuvs zerstört Pompeji (79).

Geburtstag: Nina Ruge, dt. Fernsehmoderatorin (1956)

25. August

Aus der Kriegsschule des Lebens:
Was mich nicht umbringt, macht mich härter.

Friedrich Nietzsche

Ereignis des Tages: Pluto ist nur noch Zwergplanet (2006).

Geburtstag: Claudia Schiffer, dt. Model (1970)

26. August

Wenn wir selber keine Fehler hätten, würden wir sie nicht mit großem Vergnügen an anderen entdecken.

La Rochefoucauld

Ereignis des Tages: Deutscher Kinostart von »Love Story« (1969).

Geburtstag: Michel de Montgolfier, frz. Erfinder (1740–1810)

27. August

Aber frei will ich sein und ganz mein, und was ich gebe,
das soll mich nicht binden.

Bettina von Arnim

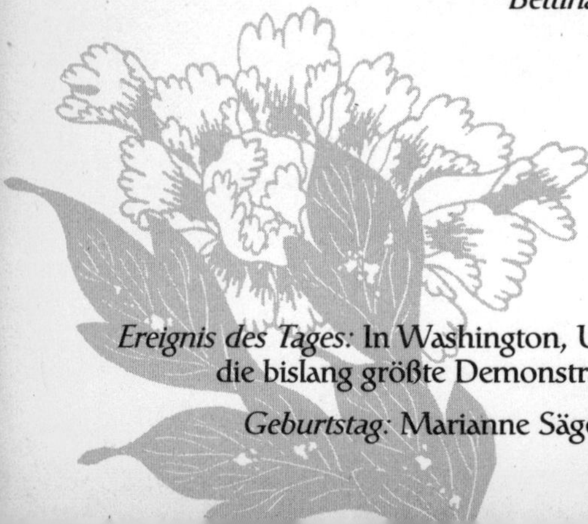

Ereignis des Tages: In Washington, USA, findet mit über 200 000 Teilnehmern die bislang größte Demonstration gegen Rassismus statt (1963).

Geburtstag: Marianne Sägebrecht, dt. Schauspielerin (1945)

28. August

Die Gelassenheit ist eine anmutige Form
des Selbstbewusstseins.

Marie von Ebner-Eschenbach

Ereignis des Tages: Stefan George bekommt als erster Autor von der Stadt Frankfurt a. M. den Goethe-Preis verliehen (1927).

Geburtstag: Johann Wolfgang von Goethe, dt. Schriftsteller (1749–1832)

29. August

Man kann sich wohl in einer Idee irren,
man kann sich aber nicht mit dem Herzen irren.

Fjodor Michailowitsch Dostojewski

Ereignis des Tages: Uraufführung des Dramas »Don Carlos«
von Friedrich Schiller in Hamburg (1787).

Geburtstag: Ingrid Bergman, schwed. Filmschauspielerin (1915–1982)

30. August

Man soll nie etwas tun,
das man nicht vor jedermann tun könnte.

Teresa von Ávila

Ereignis des Tages: Das Mikroskop wird erfunden (1590).

Geburtstag: Peter Maffay, dt. Sänger (1949)

31. August

Ich kenne keinen sicheren Weg zum Erfolg,
nur einen zum sicheren Misserfolg –
es jedem recht machen zu wollen.

Plato

Ereignis des Tages: Uraufführung der »Dreigroschenoper«
von Bertolt Brecht in Berlin (1928).

Geburtstag: Richard Gere, amerik. Schauspieler (1949)

September

1. September

Handle gut und anständig, weniger anderen zu gefallen,
eher um deine eigene Achtung nicht zu verscherzen.

Adolph Freiherr Knigge

Ereignis des Tages: Mit dem Kinostart von »Die Reise zum Mond« wird der Science-Fiction-Film ins Leben gerufen (1902).

Geburtstag: Barry Gibb, engl. Sänger (1946)

2. September

Die Klugheit steht zurück, um zu sehen.

Carmen Sylva

Ereignis des Tages: In der zum Weltkulturerbe gehörenden Herzogin Anna Amalia Bibliothek in Weimar bricht Feuer aus. 50 000 Bücher verbrennen (2004).

Geburtstag: Anja Schüte, dt. Schauspielerin (1964)

3. September

Der Weg zum Reichtum hängt hauptsächlich an zwei Wörtern:
Arbeit und Sparsamkeit.

Benjamin Franklin

Ereignis des Tages: Schweden stellt von Links- auf Rechtsverkehr um (1967).

Geburtstag: Charlie Sheen, amerik. Schauspieler (1965)

4. September

Die Aufgabe des Lebens besteht nicht darin,
auf der Seite einer Mehrzahl zu stehen,
sondern dem inneren Gesetz gemäß zu leben.

Marc Aurel

Ereignis des Tages: Der US-Amerikaner Mark Spitz erschwimmt die siebte Goldmedaille bei den Olympischen Spielen in München (1972).

Geburtstag: Henry Ford II., amerik. Unternehmer (1917–1987)

5. September

Gehe mit Menschen um wie mit Holz!
Nur weil ein Stückchen wurmstichig ist,
würdest du nie den ganzen Stamm wegwerfen.

Chinesisches Sprichwort

Ereignis des Tages: Im Alter von 87 Jahren stirbt Mutter Teresa in Kalkutta (1997).

Geburtstag: Freddie Mercury, brit. Sänger (1946–1991)

6. September

Wer flieht, kann später wohl noch siegen.
Ein toter Mann bleibt ewig liegen.

Samuel Butler

Ereignis des Tages: Eröffnung des Wallraf-Richartz-Museum/Museum Ludwig in Köln (1986).

Geburtstag: Amelie Fried, dt. Moderatorin (1958)

7. September

Das Glück besteht nicht darin, dass du tun kannst, was du willst,
sondern darin, dass du auch immer willst, was du tust.

Leo Tolstoi

Ereignis des Tages: Eröffnung des Elbtunnels in Hamburg (1911).

Geburtstag: Jörg Pilawa, dt. Moderator (1965)

8. September

Wenn die Hoffnung nicht wäre,
dann würde das Leben aufhören.

Arabisches Sprichwort

Ereignis des Tages: Ulrike Meyfarth erzielt neuen Hochsprungrekord (1971).

Geburtstag: Mario Adorf, dt.-ital. Schauspieler (1930)

9. September

Die größte Sünde gegen den menschlichen Geist ist,
Dinge ohne Beweis zu glauben.

Thomas Huxley

Ereignis des Tages: Erstmals dürfen DDR-Bürger in den Westen reisen (1964).

Geburtstag: Hugh Grant, brit. Schauspieler (1960)

10. September

Der Mensch wird durch nichts anderes mehr gepackt
als durch Liebe und Güte.

Katharina von Siena

Ereignis des Tages: Ehrung des millionsten Gastarbeiters in der Bundesrepublik Deutschland (1964).

Geburtstag: Karl Lagerfeld, dt. Modedesigner (1938)

11. September

Wer ungetrübt und heiter sein will,
der muss eines besitzen:
das ist die innere Freiheit.

Meister Eckhart

Ereignis des Tages: Die USA werden Opfer des verheerendsten Terroranschlags ihrer Geschichte (2001).

Geburtstag: Franz Beckenbauer, dt. Fußballspieler (1945)

12. September

Fortschritt besteht nicht darin,
dass wir in einer bestimmten Richtung unendlich weiterlaufen,
sondern dass wir einen Platz finden,
auf dem wir wieder eine Zeit lang stehenbleiben können.

Gilbert Keith Chesterton

Ereignis des Tages: Der FDP-Politiker Theodor Heuss wird zum ersten Bundespräsidenten der Bundesrepublik Gewählt (1949).

Geburtstag: Barry White, amerik. Sänger (1944–2003)

13. September

In der Wissenschaft gleichen wir alle nur den Kindern,
die am Rande des Wissens hier und da einen Kiesel aufheben,
während sich der weite Ozean des Unbekannten
vor unseren Augen erstreckt.

Isaac Newton

Ereignis des Tages: Israels Premierminister Ytzhak Rabin und PLO-Chef Jassir Arafat einigen sich über die Autonomie in Palästina (1993).

Geburtstag: Roald Dahl, brit. Schriftsteller (1916–1990)

14. September

Auf den Geist muss man schauen.
Denn was nützt ein schöner Körper,
wenn in ihm nicht eine schöne Seele wohnt.

Euripides

Ereignis des Tages: Uraufführung von Alfred Hitchcocks Psycho-Thriller »Verdacht« mit Cary Grant in der Hauptrolle (1941).

Geburtstag: Martina Gedeck, dt. Schauspielerin (1961)

15. September

Schweigen können ist schwieriger als reden.
So mancher redet, weil er nicht zu schweigen versteht.

Augustinus

Ereignis des Tages: Konrad Adenauer wird erster Bundeskanzler (1949).

Geburtstag: Prinzessin Letizia von Spanien (1972)

16. September

Wenn du liebst, dringst du ans Licht wie der Same,
der in der Erde verborgen war.

Bettina von Arnim

Ereignis des Tages: Die ersten englischen Auswanderer stechen mit der »Mayflower« in See Richtung Neue Welt (1620).

Geburtstag: Lauren Bacall, amerik. Schauspielerin (1924)

17. September

Wenn du stark bist, dann beginne, wo du stark bist.
Wenn nicht, beginne dort, wo du eine Niederlage
am leichtesten verschmerzen kannst.

Niccolò Machiavelli

Ereignis des Tages: Bruch der Koalition zwischen SPD und FDP (1982).

Geburtstag: Reinhold Messner, ital. Bergsteiger (1944)

18. September

Bewahre in allen Dingen die Freiheit des Geistes,
und sieh zu, wohin er dich führt.

Ignatius von Loyola

Ereignis des Tages: In der Paulskirche findet die erste Frankfurter Buchmesse statt (1949).

Geburtstag: Wolfgang Schäuble, dt. Politiker (1942)

19. September

Der Undank darf uns nicht hindern, Gutes zu tun.

Christine von Schweden

Ereignis des Tages: In Belgien findet der erste Schönheitswettbewerb statt (1888).

Geburtstag: Jeremy Irons, brit. Schauspieler (1948)

20. September

Pflege das Leben, wo du es triffst.

Hildegard von Bingen

Ereignis des Tages: Deutscher Kinostart des Thrillers »Die Vögel« von Alfred Hitchcock (1963).

Geburtstag: Sabine Christiansen, dt. Moderatorin (1957)

21. September

Wer ganz genießt, der lebt wirklich.

Karoline von Günderode

Ereignis des Tages: Einführung einer flexiblen Altersgrenze in der Rentenversicherung (1973).

Geburtstag: Stephen King, amerik. Schriftsteller (1947)

22. September

Kehr in dich still zurück, ruh in dir selbst aus,
so fühlst du höchstes Glück.

Friedrich Rückert

Ereignis des Tages: US-Präsident Abraham Lincoln schafft die Sklaverei ab (1863).

Geburtstag: Prinzessin Märtha Louise von Norwegen (1971)

23. September

Die Musik ist die Sprache der Leidenschaft.

Richard Wagner

Ereignis des Tages: Zehn Jahre nach dem Mauerfall wird Deutschland wieder von Berlin aus regiert (1999).

Geburtstag: Ray Charles, amerik. Soulmusiker (1932–2004)

24. September

Stört dich ein Fehler eines anderen,
so übe an dir selbst das entgegengesetzte Gute.
Dein Beispiel wirkt mehr als Worte.

Teresa von Ávila

Ereignis des Tages: Der Roman »Die Blechtrommel«
von Günter Grass wird veröffentlicht (1959).

Geburtstag: Jim Henson, Film- und Fernsehproduzent (1936–1990)

25. September

Es gibt nichts Schwereres auf der Welt als offener Freimut und nichts Leichteres als Schmeichelei.

Fjodor Michailowitsch Dostojewski

Ereignis des Tages: Die UNO-Mitgliedsstaaten verhängen eine Luftblockade gegen den Irak aus Protest gegen dessen Übergriff auf Kuwait (1990).

Geburtstag: Michael Douglas, amerik. Schauspieler (1944)

26. September

Jeder Geist baut sich selbst ein Haus
und jenseits dieses Hauses eine Welt
und jenseits dieser Welt einen Himmel.

Ralph Waldo Emerson

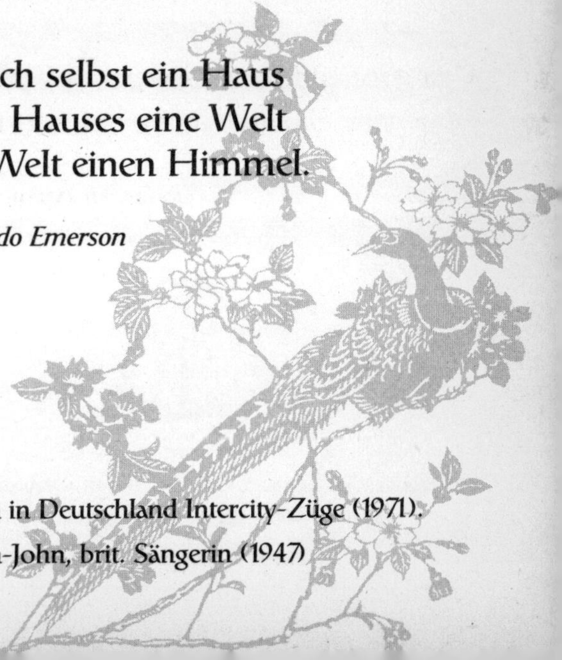

Ereignis des Tages: Erstmals verkehren in Deutschland Intercity-Züge (1971).

Geburtstag: Olivia Newton-John, brit. Sängerin (1947)

27. September

Jedes Geschöpf ist mit einem anderen verbunden,
und jedes Wesen wird durch ein anderes gehalten.

Hildegard von Bingen

Ereignis des Tages: Baubeginn des Hofbräuhauses in München (1589).

Geburtstag: Patrick Lindner, dt. Sänger (1960)

28. September

Ein Gramm Beispiel gibt mehr als ein Zentner guter Worte.

Franz von Sales

Ereignis des Tages: Das Antibiotikum Penicillin wird entdeckt (1928).

Geburtstag: Jennifer Rush, amerk. Sängerin (1960)

29. September

Jeder hat im Leben Dinge,
die er von sich abschütteln und vergessen muss,
und je eher man das tut, umso gescheiter ist es.

Fanny Lewald

Ereignis des Tages: In London öffnet das erste Eheanbahnungsinstitut der Welt seine Pforten (1650).

Geburtstag: Jerry Lee Lewis, amerik. Musiker (1935)

30. September

Der Heiterkeit sollten wir, wann immer sie sich einstellt, Tor und Tür öffnen; denn sie kommt nie zur unrechten Zeit.

Arthur Schopenhauer

Ereignis des Tages: Günter Grass wird der Literaturnobelpreis zugesprochen (1999).

Geburtstag: Udo Jürgens, österr. Schlagersänger (1934)

Oktober

1. Oktober

Beherzt ist nicht, wer keine Angst kennt,
beherzt ist, wer die Angst kennt und sie überwindet.

Khalil Gibran

Ereignis des Tages: Nach einem konstruktiven Misstrauensvotum löst Helmut Kohl den Bundeskanzler Helmut Schmidt ab (1982).

Geburtstag: Günter Wallraff, dt. Schriftsteller (1942)

2. Oktober

Wer Außerordentliches sehen will, muss auf das blicken,
was die anderen nicht betrachten.

Laotse

Ereignis des Tages: Der kanadische Sprinter Ben Johnson wird bei den Olympischen Sommerspielen in Seoul wegen Doping-Missbrauchs disqualifiziert (1988).

Geburtstag: Sting (Gordon Matthew Sumner), brit. Popsänger (1951)

3. Oktober

Dem, was ich selbst geschaut, gehört, gelernt habe,
gebe ich den Vorrang.

Heraklit

Ereignis des Tages: Tag der deutschen Einheit (1990).

Geburtstag: Thomas Wolfe, amerik. Schriftsteller (1900–1938)

4. Oktober

Lass dich gut beraten, bevor du beginnst.
Doch wenn du dich entschieden hast, handle sofort.

Sallust

Ereignis des Tages: Jungfernfahrt des später legendär gewordenen Orientexpress' (1883).

Geburtstag: Susan Sarandon, amerik. Schauspielerin (1946)

5. Oktober

Ich weiß überall in der großen Lebenswüste
irgendeine schöne Oase zu entdecken.

Heinrich Heine

Ereignis des Tages: Der verkaufsoffene Donnerstag wird in Deutschland eingeführt (1989).

Geburtstag: Bob Geldof, irisch. Sänger (1954)

6. Oktober

In unseren Tagen müssen die Wirkungsmittel wirkliche Kräfte und nicht historische Erinnerungen sein.

Honoré de Balzac

Ereignis des Tages: Das spätere Kultauto »Ente«, der 2CV der Firma Citroën, erblickt das Licht der Welt (1948).

Geburtstag: Jenny Lind, schwed. Sängerin (1820–1887)

7. Oktober

Da es gute und schlechte Gesellschaft gibt,
gibt es auch gute und schlechte Einsamkeit.

Franz von Sales

Ereignis des Tages: Die amerikanische Tänzerin Josephine Baker tanzt in der Revue »Nègre« den berühmten Bananentanz (1925).

Geburtstag: Georg Danzer, österr. Sänger (1946–2007)

8. Oktober

Bei der Eifersucht zeigt sich mehr Eigenliebe als Liebe.

La Rochefoucauld

Ereignis des Tages: Die erste Dauerwelle wird in London vorgestellt (1906).

Geburtstag: Helmut Qualtinger, österr. Kabarettist (1928–1986)

9. Oktober

Lasst uns sagen, was wir empfinden,
und empfinden, was wir sagen.
Lasst die Rede mit dem Leben übereinstimmen.

Seneca

Ereignis des Tages: Günter Wallraff entlarvt mit seinem Buch »Der Aufmacher« die Methoden der Bild-Zeitung (1977).

Geburtstag: John Lennon, brit. Popmusiker (1940–1980)

10. Oktober

Wenn Stolz und Eitelkeit sich vermählen, gibt's närrische Kinder.

Deutsches Sprichwort

Ereignis des Tages: Die Düsseldorfer Kunstakademie kündigt Joseph Beuys, der die Immatrikulation nicht zugelassener Studenten durch Besetzung des Sekretariats erzwingen wollte (1972).

Geburtstag: Harold Pinter, brit. Schriftsteller (1930)

11. Oktober

Ein großer Kopf ist eine schwere Last.

Afrikanisches Sprichwort

Ereignis des Tages: Das Betriebsverfassungsgesetz tritt in Kraft – es regelt die Einführung von Betriebsräten (1952).

Geburtstag: Sascha Hehn, dt. Schauspieler (1954)

12. Oktober

Ein neuer Besen kehrt gut, aber der alte kennt die Ecken.

Irisches Sprichwort

Ereignis des Tages: Die Sozialistischen Arbeiterpartei Deutschlands wird umbenannt in die Sozialdemokratische Partei Deutschlands, SPD (1890).

Geburtstag: Luciano Pavarotti, ital. Sänger (1935–2007)

13. Oktober

Einem, der Liebe sucht, Freundschaft anzubieten,
ist, wie einem Verdurstenden Brot zu geben.

Spanisches Sprichwort

Ereignis des Tages: Agrippina vergiftet ihren Mann, den römischen Kaiser Claudius; ihr Sohn Nero wird neuer Kaiser (54).

Geburtstag: Paul Simon, amerik. Popsänger (1942)

14. Oktober

Ehre verdient schon, wer nichts Unrechtes tut,
aber mehr als doppelte Ehre, wer es denen,
die Unrecht tun wollen, nicht gestattet.

Platon

Ereignis des Tages: Erstmals durchbricht ein Flugzeug die Schallmauer (1947).

Geburtstag: Roger Moore, brit. Schauspieler (1927)

15. Oktober

Es gab noch nie einen guten Krieg
oder einen schlechten Frieden.

Benjamin Franklin

Ereignis des Tages: Uraufführung des Films »Der große Diktator«
von Charly Chaplin (1940).

Geburtstag: Sarah, Herzogin von York (1959)

16. Oktober

Wer bei der Wahrheit schweigt,
spricht die Unwahrheit aus.

Ägyptisches Sprichwort

Ereignis des Tages: Sönke Wortmann bannt das »Wunder von Bern« auf die Leinwand und lockt Millionen Zuschauer in die Kinos (2003).

Geburtstag: Oscar Wilde, irisch. Schriftsteller (1854–1900)

17. Oktober

Seine Ehre kann auch der Arme behalten,
nicht aber der Schlechte.

Miguel de Cervantes

Ereignis des Tages: Mit der Verlobungsfeier des bayerischen Kronprinzen wird das Münchner Oktoberfest aus der Taufe gehoben (1810).

Geburtstag: Arthur Miller, amerik. Schriftsteller (1915–2005)

18. Oktober

Man sollte nie vergessen,
dass die Gesellschaft lieber unterhalten
als unterrichtet werden will.

Adolph Freiherr Knigge

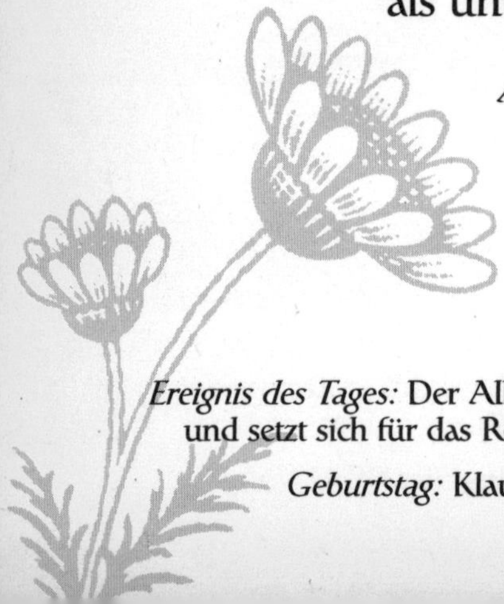

Ereignis des Tages: Der Allgemeine Deutsche Frauenverein wird gegründet und setzt sich für das Recht auf Berufstätigkeit von Frauen ein (1864).

Geburtstag: Klaus Kinski, dt. Schauspieler (1926–1991)

19. Oktober

Auch Enthaltsamkeit hat ihre Grenzen.

Finnisches Sprichwort

Ereignis des Tages: In den USA wird die erste funktionstüchtige Glühbirne vorgestellt (1879).

Geburtstag: John Le Carré, engl. Schriftsteller (1931)

20. Oktober

Weil ich die kummervolle Falte
auf der Geliebten Stirn nicht ertragen kann,
darum, also um meinetwillen, küsse ich sie weg.

Max Stirner

Ereignis des Tages: Jacqueline Kennedy heiratet den griechischen Reeder und Milliardär Aristoteles Onassis (1968).

Geburtstag: Stefan Raab, dt. Entertainer (1966)

21. Oktober

Es gibt keine Wahrheit außerhalb der Liebe.

Blaise Pascal

Ereignis des Tages: Das Musical »My Fair Lady« wird uraufgeführt (1964).

Geburtstag: Gustav Langenscheidt, dt. Verleger (1882–1895)

22. Oktober

Wenn man liebt, dann gedenkt man der Kränkung nicht lange.

Fjodor Michailowitsch Dostojewski

Ereignis des Tages: Der französische Schriftsteller und Philosoph Jean Paul Sartre lehnt die Annahme des Literaturnobelpreises ab (1964).

Geburtstag: Catherérine Deneuve, frz. Schauspielerin (1943)

23. Oktober

Auch das Leben verlangt ruhige Blätter im Kranz.

Johann Wolfgang von Goethe

Ereignis des Tages: Der Bundesrepublik Deutschland wird der Beitritt in die NATO gewährt (1954).

Geburtstag: Pelé, brasil. Fußballer (1940)

24. Oktober

Das sind schlechte Entdecker, welche denken,
da ist kein Land, wenn sie nur das Meer sehen.

Francis Bacon

Ereignis des Tages: In Chile wird der Sozialist Salvador Allende zum Staatspräsidenten gewählt (1970).

Geburtstag: Gilbert Bécaud, frz. Sänger (1927–2001)

25. Oktober

Die ersten Entschließungen sind nicht immer die klügsten,
aber gewöhnlich die redlichsten.

Gotthold Ephraim Lessing

Ereignis des Tages: »Schwarzer Freitag« an der New Yorker Börse: Die Aktienkurse fallen dramatisch und treiben viele Unternehmer und Privatleute in den finanziellen Ruin (1929).

Geburtstag: Pablo Picasso, span. Maler (1881–1973)

26. Oktober

Die Zeit ist nur ein leerer Raum, dem Begebenheiten, Gedanken und Empfindungen erst Inhalt geben.

Wilhelm von Humboldt

Ereignis des Tages: Königin Elisabeth II. verleiht den Beatles den Orden »Member of the British Empire« – Teile des Hochadels geben ihre Orden aus Protest zurück (1965).

Geburtstag: Hillary Clinton, amerik. Politikerin (1947)

27. Oktober

Ein Mensch, der nur Wasser trinkt, hat ein Geheimnis,
das er vor seinesgleichen verbergen muss.

Charles Baudelaire

Ereignis des Tages: Spanien erkennt vertraglich den Mississippi als südliche Grenze der USA an (1795).

Geburtstag: Vanessa Mae, singap. Geigerin (1978)

28. Oktober

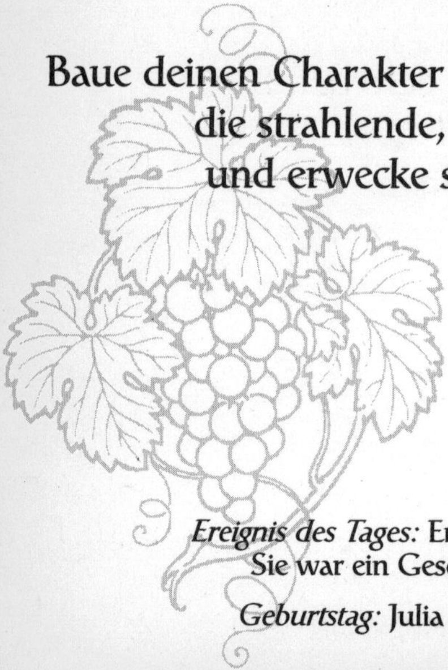

Baue deinen Charakter auf und offenbare deine wahre Natur,
die strahlende, die glänzende, die ewig-reine,
und erwecke sie in jedem, der dir begegnet.

Indische Weisheit

Ereignis des Tages: Enthüllung der Freiheitsstatue in New York.
Sie war ein Geschenk Frankreichs an die USA (1886).

Geburtstag: Julia Roberts, amerik. Schauspielerin (1967)

29. Oktober

Die Ehe ist eine Gemeinschaft, bestehend aus einem Herrn, einer Herrin und zwei Sklaven, insgesamt zwei Personen.

Ambrose Bierce

Ereignis des Tages: Uraufführung der tragikomödischen Oper »Don Giovanni« von Wolfgang Amadeus Mozart in Prag (1787).

Geburtstag: Winona Ryder, amerik. Schauspielerin (1971)

30. Oktober

Keiner denkt mehr frei, der ein System hat.

Jean Paul

Ereignis des Tages: Die Uraufführung des Films »Der Scheich« macht den Hauptdarsteller Rudolph Valentino über Nacht zum Frauenidol (1921).

Geburtstag: Ezra Pound, amerik. Lyriker (1885–1972)

31. Oktober

Der Unzufriedene findet keinen bequemen Stuhl.

Benjamin Franklin

Ereignis des Tages: Martin Luther veröffentlicht seine 95 Thesen und löst damit die Spaltung der Kirche aus (1517).

Geburtstag: Charles Moore, amerik. Architekt (1925–1993)

November

1. November

Kenntnisse kann jeder haben,
aber die Kunst zu denken
ist das seltenste Geschenk der Natur.

Friedrich der Große

Ereignis des Tages: Enthüllung der berühmten Deckenfresken Michelangelos in der Sixtinischen Kapelle in Rom (1512).

Geburtstag: Hanna Höch, dt. Künstlerin (1889–1978)

2. November

Wer sich ganz dem Dank entzieht,
der erniedrigt den Beschenkten.

Franz Grillparzer

Ereignis des Tages: Prozesseröffnung gegen Marianne Bachmeier, die ein Jahr zuvor den mutmaßlichen Mörder ihrer Tochter erschossen hatte (1982).

Geburtstag: Hera Lind, dt. Schriftstellerin (1957)

3. November

Auf den Lippen des Verständigen findet man Anmut.

Ben Sira

Ereignis des Tages: Nach 12 Jahren gewinnt mit Bill Clinton erstmals wieder ein Mitglied der Demokratischen Partei die Präsidentschaftswahlen der USA (1992).

Geburtstag: Marika Rökk, dt. Schauspielerin (1913–2004)

4. November

Menschen, die keine Probleme kennen, sind meistens beredt.

Jakob Boßhart

Ereignis des Tages: Entdeckung der fast unversehrten Grabkammer des ägyptischen Königs Tutenchamun (1922).

Geburtstag: Otto Bayer, dt. Chemiker (1902–1982)

5. November

Warten können ist das große Geheimnis des Erfolges.

Französisches Sprichwort

Ereignis des Tages: Eine Ausstellung des norwegischen Malers Edvard Munch in Berlin löst heftige Kritik aus (1892).

Geburtstag: Art Garfunkel, amerik. Musiker (1941)

6. November

Die wenigsten Menschen verstehen,
wie unendlich viel in der Einsamkeit liegt.

Wilhelm von Humboldt

Ereignis des Tages: 1878 Uraufführung des Theaterstücks »Die Stützen der Gesellschaft« von Henrik Ibsen in Oslo.

Geburtstag: Barbara Eligmann, dt. Fernsehmoderatorin (1963)

7. November

Der Charakter ist das Schicksal des Menschen.

Heraklit

Ereignis des Tages: In New York wird die erste Hochschule für Frauen eröffnet (1821).

Geburtstag: Albert Camus, frz. Philosoph (1913–1960)

8. November

Ich will geliebt sein oder ich will begriffen sein.
Das ist eins.

Bettina von Arnim

Ereignis des Tages: Der Physiker Wilhelm Conrad Röntgen entdeckt elektromagnetische Strahlen, die Röntgenstrahlen (1895).

Geburtstag: Alain Delon, frz. Filmschauspieler (1935)

9. *November*

Wer von mir nichts annehmen will,
wenn er's bedarf und ich's habe,
der will mir auch nichts geben,
wenn er's hat und ich's bedarf.

Gotthold Ephraim Lessing

Ereignis des Tages: Mehrstündiger Stromausfall in acht Bundesstaaten der USA und Kanadas führt zu einem Anstieg der Geburtenrate neun Monate später (1965).

Geburtstag: Sven Hannawald, dt. Skispringer (1974)

10. November

Die herrschen wollen, lieben die Republik,
die gut beherrscht sein wollen, lieben nur die Monarchie.

Joseph Joubert

Ereignis des Tages: Die Vorschulserie »Sesame Street« läuft an (1965).

Geburtstag: Richard Burton, brit. Schauspieler (1925–1984)

11. November

Immer bleibt ein guter Mensch ein Anfänger.

Martial

Ereignis des Tages: In Russland beginnt das Eisenbahn-Zeitalter mit der Linie St. Petersburg-Puschkin (1837).

Geburtstag: Leonardo DiCaprio, amerik. Schauspieler (1974)

12. November

Alles, was im Menschen tüchtig ist,
wird gesteigert, gibt er sich einer großen Aufgabe hin.

Gustav Freytag

Ereignis des Tages: Einweihung der Golden-Gate-Bridge in San Francisco (1936).

Geburtstag: Gracia Patrcia, Fürstin von Monaco (1929–1982)

13. November

Zwischen ehrlichen Leuten bedarf's keiner Rechnung.

Jiddisches Sprichwort

Ereignis des Tages: Uraufführung des sozialkritischen Theaterstückes »Glaube Liebe Hoffnung« von Ödon von Horváth (1936).

Geburtstag: Whoopi Goldberg, amerik. Schauspielerin (1949)

14. November

Unmöglich können wir das Betragen andrer mit Strenge prüfen, wenn wir nicht selbst zuerst unsere Pflicht erfüllen.

Demosthenes

Ereignis des Tages: Die British Broadcasting Company (BBC) wird gegründet (1922).

Geburtstag: Charles, Prinz von Wales (1948)

15. November

Leiden liegt in der menschlichen Natur;
aber wir leiden nie, oder zumindest sehr selten,
ohne die Hoffnung auf Heilung zu nähren;
und die Hoffnung selbst ist eine Freude.

Giacomo Girolamo Casanova

Ereignis des Tages: Das erste elektrische Hörgerät wird in den USA zum Patent angemeldet (1901).

Geburtstag: Wolf Biermann, dt. Lyriker (1936)

16. November

Was ihr euch Liebes noch in der Welt sagen und tun könnt, das sagt und tut rasch, morgen ist es vielleicht schon zu spät dazu.

Wilhelm Raabe

Ereignis des Tages: Dem Liedermacher Wolf Biermann wird die DDR-Staatsbürgerschaft entzogen (1976).

Geburtstag: Lothar Späth, dt. Politiker (1937)

17. November

Süß ist albernes Tun zur Zeit.

Horaz

Ereignis des Tages: Elisabeth I., die Tochter Heinrichs VIII., besteigt den englischen Thron (1558).

Geburtstag: Martin Scorsese, amerik. Filmregisseur (1942)

18. November

Ein Spiegel ist besser als eine ganze Reihe Ahnenbilder.

Wolfgang Menzel

Ereignis des Tages: Der Historienfilm »Ben Hur« von William Wyler wird in den USA uraufgeführt (1959).

Geburtstag: Klaus Mann, dt. Schriftsteller (1906–1949)

19. November

Der Adler fliegt allein, der Rabe scharenweise;/
Gesellschaft braucht der Tor und Einsamkeit der Weise.

Friedrich Rückert

Ereignis des Tages: Das »Museo del Prado« in Madrid wird eröffnet (1819).

Geburtstag: Jodie Forster, amerik. Schauspielerin (1962)

20. November

Die Bürger machen die Stadt, nicht die Ringmauer.

Deutsches Sprichwort

Ereignis des Tages: Das Musical »Cabaret« wird in New York uraufgeführt (1966).

Geburtstag: Robert Kennedy, amerik. Politiker (1925–1968)

21. November

Einem Haus eine Bibliothek hinzuzufügen,
heißt, dem Haus eine Seele zu geben.

Cicero

Ereignis des Tages: Das Kriegsheimkehrerschauspiel »Draußen vor der Tür« von Wolfgang Borchert wird in Hamburg uraufgeführt (1947).

Geburtstag: Goldie Hawn, amerik. Schauspielerin (1945)

22. November

Weise ist der Mensch, der nicht den Dingen nachtrauert,
die er nicht besitzt, sondern sich der Dinge erfreut, die er hat.

Epiktet

Ereignis des Tages: Angela Merkel wird vom Bundestag
zur Bundeskanzlerin gewählt (2005).

Geburtstag: Sheryl Crow, amerik. Sängerin (1963)

23. November

Ein Komödiant auf der Kanzel ist unerträglich,
und ein Andächtiger auf der Bühne ist lächerlich.

Christine von Schweden

Ereignis des Tages: An der Harvard-Universität in den USA findet der erste Eingriff in das Erbgut statt (1969).

Geburtstag: Marieluise Fleißner, dt. Schriftstellerin (1901–1974)

24. November

Die Grobheit spare wie Gold, damit,
wenn du sie in gerechter Entrüstung einmal hervorkehrst,
es ein Ereignis sei und den Gegner
wie ein unvorhergesehener Blitzstrahl treffe.

Gottfried Keller

Ereignis des Tages: Mit dem Start des Films »Harry Potter und der Stein der Weisen« erlebt die Harry-Potter-Manie in Deutschland einen weiteren Höhepunkt (2001).

Geburtstag: Henri de Toulouse-Lautrec, frz. Maler (1864–1901)

25. November

Wenn es sich nicht geziemt, tu es nicht,
wenn es nicht wahr ist, sag es nicht.

Marc Aurel

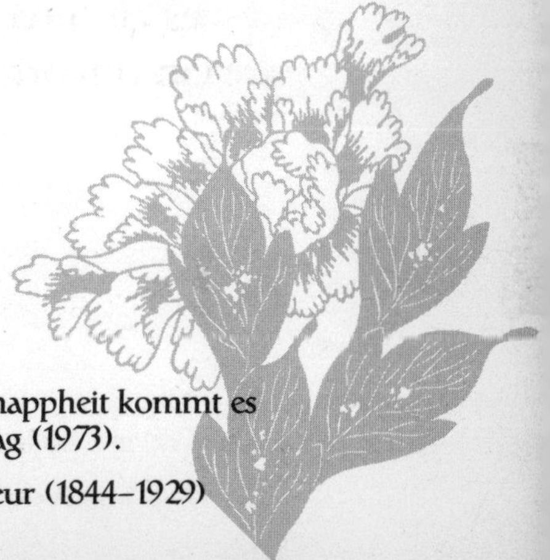

Ereignis des Tages: Durch große Ölknappheit kommt es zu einem autofreien Sonntag (1973).

Geburtstag: Carl Benz, dt. Ingenieur (1844–1929)

26. November

Denn darum haben wir ja den Staat,
dass wir in ihm Menschen seien,
und darum muss er uns zu Menschen machen,
dass er Staatsbürger habe und ein Staat sei,
keine Strafanstalt, in der man immer Kanonen braucht,
dass die wilden Tiere nicht losbrechen.

Adalbert Stifter

Ereignis des Tages: In Großbritannien wird der größte Raub in der Geschichte des Landes verübt. Der Wert der Beute beläuft sich auf über 100 Mio. DM (1983).

Geburtstag: Tina Turner, amerik. Rocksängerin (1939)

27. November

Alle Menschen sind klug –
die einen vorher, die anderen nachher.

Voltaire

Ereignis des Tages: Uraufführung des Kinofilms »Casablanca« mit Humphrey Bogart und Ingrid Bergman (1942).

Geburtstag: Jimi Hendrix, amerik. Rockmusiker (1942–1970)

28. November

Wer sich fürchtet zu fragen, schämt sich, zu lernen.

Dänisches Sprichwort

Ereignis des Tages: Aufgrund einer Abstimmung in der Bevölkerung entscheidet sich Norwegen erneut gegen eine Teilnahme an der Europäischen Union (1994).

Geburtstag: Stefan Zweig, österr. Schriftsteller (1881–1942)

29. November

Ein Mensch, der selber keine guten Eigenschaften besitzt,
beneidet die Tugenden anderer; denn das menschliche Herz
weidet sich gern an den eigenen Vorzügen
oder an der Schlechtigkeit der anderen.

Francis Bacon

Ereignis des Tages: Die Vollversammlung der Vereinten Nationen beschließt,
Palästina in ein jüdisches und ein arabisches Gebiet aufzuteilen (1947).

Geburtstag: Jacques Chirac, frz. Staatspräsident (1932)

30. November

Es ist doch merkwürdig, dass manchmal
ein Mensch, hinter dem man nicht viel sucht,
einem anderen eine gute Lehre geben kann,
der sich für erstaunend weise und verständig hält.

Johann Peter Hebel

Ereignis des Tages: Das erste Fußballländerspiel wird ausgetragen: England spielt gegen Schottland, die Partie endet unentschieden (1872).

Geburtstag: Heinz Rudolf Kunze, dt. Sänger (1956)

Dezember

1. Dezember

Glücklich machen ist das höchste Glück.
Aber auch dankbar empfangen können ist ein Glück.

Theodor Fontane

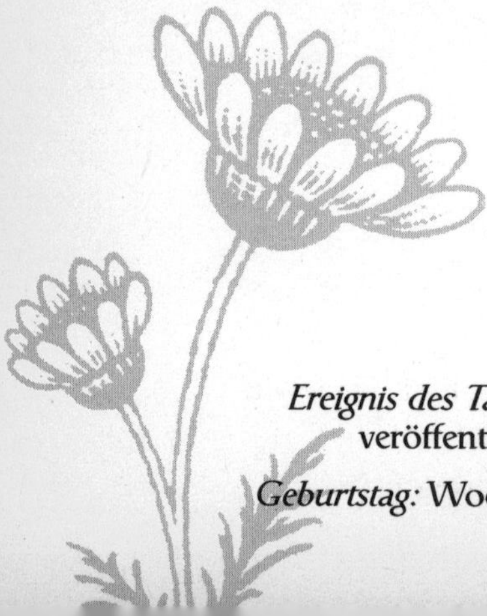

Ereignis des Tages: Das Männermagazin »Playboy« veröffentlicht seine erste Ausgabe (1953).

Geburtstag: Woody Allen, amerik. Filmregisseur (1935)

2. Dezember

Mit zwanzig regiert der Wille, mit dreißig der Verstand
und mit vierzig das Urteilsvermögen.

Benjamin Franklin

Ereignis des Tages: Der letzte Kaiser von China, Puyi, wird als Dreijähriger gekrönt. 1912 dankt er ab (1908).

Geburtstag: Ulrich Wickert, dt. Moderator (1942)

3. Dezember

Ohne Begeisterung schlafen die besten Kräfte unseres Gemütes.
Es ist ein Zunder in uns, der Funken will.

Johann Gottfried Herder

Ereignis des Tages: Mit der Hauptrolle in dem Theaterstück »Endstation Sehnsucht« von Tennessee Williams gelangt Marlon Brando zu Weltruhm (1947).

Geburtstag: Katarina Witt, dt. Eiskunstläuferin (1965)

4. Dezember

Bevor du ein Haus baust, such dir den Nachbarn aus.

Afghanisches Sprichwort

Ereignis des Tages: Mit Boutros Boutros-Ghali wird der erste Afrikaner Generalsekretär der Vereinten Nationen (1991).

Geburtstag: Jeff Bridges, amerik. Schauspieler (1949)

5. Dezember

Je mehr es abwärts geht, je reicher wird das Leben.

Friedrich Rückert

Ereignis des Tages: Das seit 1919 gültige Alkoholverbot in den USA wird aufgehoben (1933).

Geburtstag: Walt Disney, amerik. Filmproduzent (1901–1966)

6. Dezember

Der Wille zum System ist ein Mangel an Rechtschaffenheit.

Friedrich Nietzsche

Ereignis des Tages: Mit einer 45 km langen Lichterkette von über 400 000 beteiligten Personen wird in München gegen Ausländerfeindlichkeit demonstriert (1992).

Geburtstag: Marius Müller-Westernhagen, dt. Sänger (1948)

7. Dezember

Wer zur Quelle gehen kann, der gehe nicht zum Krug.

Leonardo da Vinci

Ereignis des Tages: Veröffentlichung des Romans »Das Schloss« von Franz Kafka (1926).

Geburtstag: Stuart Davis, amerik. Maler (1894–1964)

8. Dezember

Barmherzigkeit gegen die Wölfe ist Unrecht gegen die Schafe.

Holländisches Sprichwort

Ereignis des Tages: Der Musiker John Lennon wird von einem Geisteskranken ermordet (1980).

Geburtstag: Kim Basinger, amerik. Schauspielerin (1953)

9. Dezember

Ein Tropfen Liebe ist mehr als ein Ozean Verstand.

Blaise Pascal

Ereignis des Tages: 1982 Der Film »E. T. – der Außerirdische« beginnt seinen Erfolgsweg durch deutsche Kinos.

Geburtstag: Johannes B. Kerner, dt. Moderator (1964)

10. Dezember

Nur halb ist der Verlust der schönsten Güter,
wenn wir auf den Besitz nicht sicher zählen.

Johann Wolfgang von Goethe

Ereignis des Tages: London ist die erste Stadt, die eine Gaslaterne als Ampel für Fußgänger aufstellt (1868).

Geburtstag: Matthias Reim, dt. Sänger (1957)

11. Dezember

Bewunderung selbst dem Feinde abzutrotzen, das ist süß.

Heinrich Heine

Ereignis des Tages: Die UNO (Vereinte Nationen) gründet ihr Hilfswerk UNICEF, eine Vereinigung zur besonderen Unterstützung von Kindern (1946).

Geburtstag: Robert Koch, dt. Arzt (1843–1910)

12. Dezember

Beleidigung mit Beleidigung zu vergelten ist die Art des Pöbels.

Friedrich der Große

Ereignis des Tages: Es geht auch ohne Draht: Die ersten telegrafischen Signale werden drahtlos über den Atlantik, von Cornwall nach Neufundland, geschickt (1901).

Geburtstag: Frank Sinatra, amerik. Entertainer (1915–1998)

13. Dezember

Man sollte der Opposition stehts
einen Knochen zum Nagen lassen.

Joseph Joubert

Ereignis des Tages: Die erste Bundestagspräsidentin heißt Annemarie Renger (1972).

Geburtstag: Heino, dt. Schlagersänger (1939)

14. Dezember

Um Vollkommenheit zu erreichen,
muss man erst vieles nicht begriffen haben!
Begreifen wir zu schnell, so begreifen wir
wahrscheinlich nicht gründlich.

Fjodor Michailowitsch Dostojewski

Ereignis des Tages: Großes Aufsehen erregt die Veröffentlichung von D. H. Lawrences Roman »Lady Chatterleys Lover« wegen allzu freizügiger Szenen (1928).

Geburtstag: Eva Mattes, dt. Schauspielerin (1954)

15. Dezember

Nur seltenen Menschen ist es angeborene Art,
den hochbeglückten Freund neidlos zu ehren.

Aischylos

Ereignis des Tages: Uraufführung des späteren Kassenschlagers »Vom Winde verweht« (1939).

Geburtstag: Don Johnson, amerik. Schauspieler (1948)

16. Dezember

Mit Langmut kann man den Fürsten bereden,
und eine gelinde Zunge zerbricht Knochen.

Die Bibel

Ereignis des Tages: Kardinal Joachim Meisner wird Erzbischof in Köln (1988).

Geburtstag: Bärbel Schäfer, dt. Moderatorin (1964)

17. Dezember

Der den Augenblick ergreift, das ist der rechte Mann.

Johann Wolfgang von Goethe

Ereignis des Tages: Die Gebrüder Wright starten in den USA zu ihrem ersten mit Motorkraft angetriebenen gelenkten Flug (1903).

Geburtstag: Ludwig van Beethoven, dt. Komponist (1770–1834)

18. Dezember

Ein Buch ist wie ein Garten, den man in der Tasche trägt.

Arabisches Sprichwort

Ereignis des Tages: In Wien wird die erste Schreibmaschine erfunden (1866).

Geburtstag: Brad Pitt, amerik. Schauspieler (1963)

19. Dezember

Ein ganzes Unglück verdrießt uns nicht so sehr
wie ein nur zur Hälfte eingetroffenes Glück.

Karl Ferdinand Gutzkow

Ereignis des Tages: Margaret Thatcher, die britische Premierministerin, unterschreibt einen Vertrag, der die Rückgabe Hongkongs an China regelt (1984).

Geburtstag: Til Schweiger, dt. Schauspieler (1962)

20. Dezember

Wer scheut sich nicht, ein Menschenleben
um eine Stunde zu verkürzen!
Aber eine Stunde ihm zu verderben,
wer hätte das Schlimmere nicht schon verschuldet.

Walther Rathenau

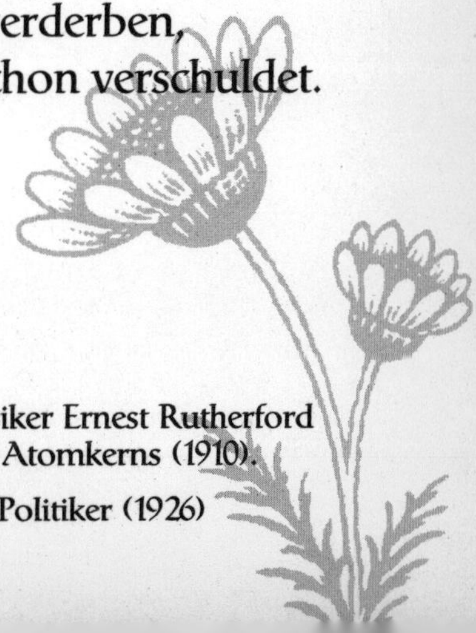

Ereignis des Tages: Dem neuseeländischen Physiker Ernest Rutherford gelingt der wissenschaftliche Nachweis des Atomkerns (1910).

Geburtstag: Otto Graf Lambsdorff, dt. Politiker (1926)

21. Dezember

Ein Mensch ohne Aufrichtigkeit ist ein Gefährt ohne Achsen, unbeweglich und unverwendbar.

Konfuzius

Ereignis des Tages: Kinostart des ersten Walt-Disney-Zeichentrickfilms »Schneewittchen und die sieben Zwerge« (1937).

Geburtstag: Frank Zappa, amerik. Rockmusiker (1940–1993)

22. Dezember

Armut und Reichtum wohnen nicht im Hause,
sondern im Herzen der Menschen.

Antisthenes

Ereignis des Tages: Rücktritt des italienischen Ministerpräsidenten Berlusconi wegen Korruptionsverdachts (1994).

Geburtstag: Gustaf Gründgens, dt. Schauspieler (1899–1963)

23. Dezember

Was unser Denken begreifen kann, ist kaum ein Punkt,
fast gar nichts im Verhältnis zu dem,
was es nicht begreifen kann.

John Locke

Ereignis des Tages: Auf der Pariser Place de la Concorde wird ein altägyptischer Obelisk aufgerichtet, ein Geschenk der ägyptischen Regierung (1833).

Geburtstag: Helmut Schmidt, dt. Politiker (1918)

24. Dezember

Die Natur hat uns frei und ungebunden in die Welt gesetzt: Wir selbst kerkern uns ein in ein kleines Stück Land.

Michel de Montaigne

Ereignis des Tages: Libyen erhält als konstitutionelle Monarchie Souveränität (1951).

Geburtstag: Ava Gardner, amerik. Schauspielerin (1922–1990)

25. Dezember

Alles Vortreffliche ist ebenso schwierig wie selten.

Baruch de Spinoza

Ereignis des Tages: Der sizilianische Vulkan Ätna bricht aus (1985).

Geburtstag: Annie Lennox, schott. Sängerin (1954)

26. Dezember

Auch das Zufälligste ist nur ein auf entfernterem Wege herangekommenes Notwendiges.

Arthur Schopenhauer

Ereignis des Tages: Zum ersten Mal in der Geschichte des Boxsports gewinnt mit dem US-Amerikaner Jack Johnson ein Schwarzer den Champion-Titel (1908).

Geburtstag: Mao Tse-Tung, chines. Revolutionär und Staatsmann (1893–1976)

27. Dezember

Der Standpunkt macht es nicht,
die Art macht es, wie man ihn vertritt.

Theodor Fontane

Ereignis des Tages: In der Paulskirche in Frankfurt verkündet die Frankfurter Nationalversammlung die Grundrechte der deutschen Bürger (1848).

Geburtstag: Marlene Dietrich, dt. Schauspielerin (1904–1992)

28. Dezember

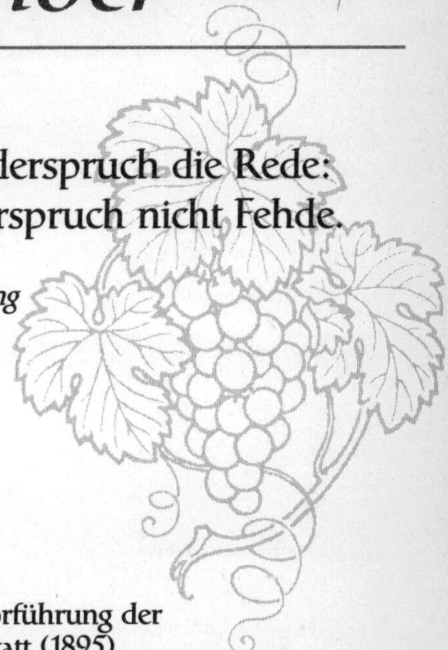

Man würze, wie man will, mit Widerspruch die Rede:
ist Würze nur nicht Kost und Widerspruch nicht Fehde.

Gotthold Ephraim Lessing

Ereignis des Tages: Die erste Kinovorführung der Brüder Lumière findet in Paris statt (1895).

Geburtstag: Hildegard Knef, dt. Schauspielerin und Sängerin (1925–2002)

29. Dezember

Manchmal lässt es sich nicht vermeiden,
dass man Anstoß erregt.

Vincent van Gogh

Ereignis des Tages: Der Schriftsteller Vaclav Havel wird zum tschechischen Präsidenten gewählt (1989).

Geburtstag: Marianne Faithfull, engl. Sängerin (1947)

31. Dezember

Was ist ein Freund?
Eine einzige Seele, die in zwei Körpern wohnt.

Aristoteles

Ereignis des Tages: In seiner Silvesterpredigt rechtfertigt der Kölner Kardinal Frings den Kohlenklau der Bevölkerung (1946).

Geburtstag: Henri Matisse, frz. Maler (1869–1954)

30. Dezember

Arbeitsschweiß an Händen hat mehr Ehre
als ein goldener Ring am Finger.

Deutsches Sprichwort

Ereignis des Tages: Die UdSSR wird von Russland, Weißrussland, der Ukraine und Transkaukasien ins Leben gerufen (1922).

Geburtstag: Hans-Hubert »Berti« Vogts, dt. Fußballspieler und -trainer (1946)